MARBURGER STUDIEN ZUR AFRIKA- UND ASIENKUNDE

Herausgegeben von
H.-J. Greschat (Religionsgeschichte)
H. Jungraitmayr (Afrikanistik)
W. Rau (Indologie)

Serie C: Religionsgeschichte Band 1

Hans-Jürgen Greschat (Hg.)

Mündliche Religionsforschung

Erfahrungen und Einsichten

DIETRICH REIMER VERLAG
BERLIN

Die Deutsche Bibliothek – CIP-Einheitsaufnahme
Mündliche Religionsforschung : Erfahrungen und Einsichten /
Hans-Jürgen Greschat (Hg.). – Berlin : Reimer, 1994
(Marburger Studien zur Afrika- und Asienkunde : Ser. C,
Religionsgeschichte ; Bd. 1)
ISBN 3-496-02532-8
NE: Greschat, Hans-Jürgen [Hrsg.] ; Marburger Studien zur Afrika- und
Asienkunde / C

Dr. Friedrich Kaufmann
Unter den Eichen 57
12203 Berlin

Printed in Germany

ISBN 3-496-02532-8

Inhalt

Die Religionswissenschaft und die Gläubigen

Hans-Jürgen Greschat

Achten auch Sie gelegentlich darauf, ob und wie Gläubige in religionswissenschaftlichen Werken vorkommen? Ich konnte sie dort nur selten entdecken. Bei sogenannten Schriftreligionen halten Religionswissenschaftler sich vor allem an schriftliche Zeugnisse, bei sogenannten schriftlosen Religionen halten sie sich zumeist an Zeugen. Aber die Zeugen waren in erster Linie Europäer auf Forschungsreise, und die allermeisten schriftlichen Zeugnisse sind amtliche Texte. Wenden Religionsforscher sich Gläubigen zu, dann meist nur, weil diese, gemessen an einem religiösen oder politischen Maß, als außergewöhnlich eingeschätzt oder aber weil sie zum repräsentativen Durchschnitt erklärt werden.

Was fehlt demnach? Es fehlt, daß Religionswissenschaftler Gläubige als Gläubige[1] ernst nehmen, weil Gläubige durch persönliche Erfahrungen Einsichten gewinnen konnten, die zum besseren Verständnis ihrer Religion beitragen, auch noch dort, wo sie den üblichen Rahmen nicht sprengen. "Niemand kann eine Sprache lehren, als wer sie spricht und versteht". Den Satz wird kaum jemand in Zweifel ziehen. Warum sollte es mit einer Religion viel anders gehen? Auch sie dürfte uns niemand so lebensnah vor Augen stellen können, als jene, die ihr Leben nach ihr richten.

Zugegeben, Religionswissenschaftler, wenn sie auf hoher Abstraktionsebene allgemeine Fragen allgemein beantworten, wüßten mit Erfahrungen einzelner wenig anzufangen. Religion *in abstracto* läßt sich

---

1) 'Gläubige', das deutsche Wort ist christlich geprägt. Deshalb paßt es schlecht auf Anhänger nicht-christlicher Religionen, in denen dem 'Glauben' keine oder eine andere Bedeutung zukommt. Da Religionswissenschaftler jedoch über keinen *terminus technicus* verfügen, der allgemeine Geltung besitzt, verwenden wir in deutschen Texten die ungenaue Bezeichnung 'Gläubige' so, wie in einschlägigen englischen Texten von 'believers' die Rede ist, nämlich im Sinne von nicht bloß äußerlichen, sondern von aktiven, praktizierenden, glaubenden Mitgliedern einer Religionsgemeinschaft.

nicht praktizieren. Aus diesem Grund kann sie auch nicht von Gläubigen, höchstens von Wissenschaftlern gelehrt werden. Mit einer konkreten Religion verhält es sich umgekehrt. Wie sie wirklich ist, das heißt, was sie bewirkt, das lehrt uns niemand besser als Gläubige.

Wenn das einleuchtend klingt, warum wenden sich Religionswissenschaftler dann so selten Gläubigen zu, bevor sie Bücher und Aufsätze über deren Religionen schreiben? Vielleicht tun sie es nicht, weil sie der Tradition folgen oder weil sie sich Zeit und Mühen ersparen möchten oder weil sie sich bewußt dagegen entschieden haben. Mit welchen Argumenten weiß ich freilich nicht. Ich sammle Argumente für die religionswissenschaftliche Arbeit mit Gläubigen. Sie sind in diesem Buch zu finden, welches, die Autoren hoffen es, das Gewicht gegen die Masse religionswissenschaftlicher Studien, in denen Gläubige kaum oder gar nicht anzutreffen sind, ein wenig schwerer machen möge.

Mit Gewißheit läßt sich nicht vorhersagen, was Leser durch die Lektüre gewinnen. Manche dürften mit der ganzen Richtung nichts zu tun haben wollen. Sie sollen nicht überredet werden. Andere könnten sich angeregt fühlen. Vielleicht schärfen ihnen dann ein Kapitel oder ein paar Seiten die Aufmerksamkeit bei ihrer nächsten Forschung. Einige werden uns zustimmen, weil sie sich an eigene Erfahrungen erinnern und Gelesenes bestätigen oder ergänzen können.

In vier Kapiteln ist zu verfolgen, wie die Autoren lebendigen Gläubigen als Problem begegnet sind, welche Folgerungen sie aus ihrer Begegnung zogen und welche Lösungen sie vorschlagen. Das Problem hat verschiedene Dimensionen, die nun, eine nach der anderen, zu betrachten wären.

Arme Religionswissenschaft

'Die' Religionswissenschaft existiert nicht wirklich, sie ist eine Abstraktion. Konkret finden wir sie dividiert durch so und so viele Religionswissenschaftler, die oft nur verbindet, daß sie sich mit 'Religion' befassen. Was ein jeder unter 'Religion' versteht und wie er damit umgeht, es bleibt ihm überlassen. Allgemein gesprochen befähigt Menschen, was sie begreifen, was sie nicht begreifen, hemmt sie. Vermutlich ist das der Grund, weshalb fast jeder Religionswissenschaftler individualistisch tut, was er gerade am besten kann. Wonach Museumsdirektoren ständig streben, nach Vielfalt von Stilen und Ansichten, in der Religionswissenschaft ergibt sie sich von ganz allein.

Die Nachteile einer zusammengewürfelten Wissenschaftsdisziplin liegen auf der Hand. Von außen wirkt sie buntscheckig, schwer zu identifizieren, wird sie immerfort mit anderen Disziplinen verwechselt. Selten wird die Religionswissenschaft als eigenständiges Fach respektiert, und Bürokraten gewähren ihr infolgedessen keine oder höchst selten finanzielle Unterstützung. Nach innen leidet die Religionswissenschaft, weil sie keine eigene Methode besitzt, weil sie noch nicht einmal über einen brauchbaren Baukasten mit eindeutigen Fachwörtern verfügt. Was bleibt Religionswissenschaftlern da übrig, als Fachwörter und Methodenstücke anderswo auszuborgen?

Wissenschaften nennt man nach dem, was in ihrem Bereich erforscht wird, und der Gegenstand, der erforscht wird, sollte die Forschungsmethode betimmen. Was die Religionswissenschaft definieren müßte, die Religionen nämlich, bietet sich als unübersehbare Fülle dar. Mit einzelnen Aspekten einzelner Religionen kommen wir ganz gut zurecht. Bei religiösen Texten halten wir uns an Methoden der Textwissenschaft, bei religiösen Organisationsformen befragen wir die Soziologie, bei religiösem Brauchtum klopfen wir bei Verhaltenswissenschaftlern an. Aber wer oder was hilft uns beim Ganzen einer Religion, das mehr sein dürfte als die Summe ihrer Teile, oder bei jenem Besonderen, das man an einem Gedicht, an einer persönlichen Haltung, an einem Bild 'religiös' nennt? Bei äußeren Formen von Religionen helfen wir uns mit Methoden fremder Disziplinen. Was in sichtbaren Formen zum Ausdruck kommt, der unsichtbare Kern, bei ihm stehen wir ratlos und allein gelassen da. Hier ist der Punkt, an dem wir gewahr werden, was meines Erachtens die latente Identitätskrise der Religionswissenschaft bewirkt.

Reiche Religionswissenschaft

Alles, so scheint es, hat mindestens zwei Seiten. Dann könnte ihre Vielfalt der Religionswissenschaft auch zugute kommen? Ich denke ja, denn wo nicht alles für alle schon festgelegt wurde, behält der einzelne

Spielraum. Kreativität braucht Platz und die Religionswissenschaft braucht Kreativität. Wenn wir also aus der Not eine Tugend machten? Das heißt, wenn jeder Religionswissenschaftler bewußt und unumwunden das täte, was nun mal seine Sache ist? Je verträglicher wir dabei bleiben, desto größeren Nutzen dürfte die Religionswissenschaft von unserem unterschiedlichen Tun haben. Wie man verträglich wird, wir könnten es von Fritz Perls lernen[2]:

> Ich tue meine Sache und du tust deine Sache.
> Ich bin nicht auf der Welt, um so zu leben,
> wie du das möchtest.
> Und du bist nicht auf der Welt,
> um meinen Erwartungen gerecht zu werden.
> Du bist du und ich bin ich.
> Sollten wir zufällig übereinstimmen, es wäre schön.
> Wenn nicht, es läßt sich nicht ändern.

Leser mögen bezweifeln, ob diese Einstellung, segensreich im Umgang mit Menschen, auch für eine Wissenschaft taugt. Doch wo ist die Wissenschaft, die ohne Menschen funktioniert? Forscher suchen nach Antworten, die sie persönlich befriedigen. Andere übernehmen solche Antworten, sofern sie gewisse Grundsätze mit dem Forscher teilen und ihm zu glauben bereit sind. Die Religionswissenschaft befreit man aus ihrer mißlichen Lage nicht, indem man das eigene Vorgehen 'wissenschaftlich', das anderer 'unwissenschaftlich' nennt, wobei mir auffiel, daß Religionswissenschaftler ihre Wissenschaftlichkeit umso dicker unterstreichen, je mehr Abstand sie zu lebenden Religionen halten.

Weil sie es immer wieder studieren, wissen Religionsgeschichtler recht gut, wie Glauben funktioniert. Sehen wir genau hin, zeigt sich dasselbe auch in der Wissenschaft. Natürlich unterscheidet sich, was hier und was dort geglaubt wird, aber wie hier und dort geglaubt wird, das gleicht eineiigen Zwillingen. Alle Wissenschaftler haben irgendwann gelernt, zwischen einer Person und ihrer Meinung zu unterscheiden. Doch nicht immer folgt jeder dieser Spielregel. Dann wandert alles in einen Topf: die Autorität, die für eine Sache steht, die Sache selbst

2) Frederick S. Perls, *Gestalt Therapy Verbatim,* Toronto, New York, London 1971, 4.

und jene, die sich die Sache zu eigen machen. Wissenschaftler glauben, daß dieses möglich und jenes unmöglich sei. Was sie glauben und was sie nicht glauben, das eine hält das andere im Gleichgewicht. Deshalb bringt schwächer werdender Unglaube ihren Glauben aus der Balance. Mit dem Gleichgewicht geht die Sicherheit verloren. So kommt es, daß sogar sehr selbstsicher wirkende Gelehrte manchesmal ungewöhnlich schwer von Begriff zu sein scheinen, wenn Neues ihr Glaubenssystem zu verwirren droht. Wissenschaftler unterscheiden sich in dem Maße[3],

> wie jemand eine von außen kommende wichtige Information ihrem eigenen Wert gemäß empfängt, beurteilt und danach handelt, ohne dabei von nicht zur Sache gehörigen Faktoren, die man in sich selbst oder anderswo findet, behindert zu werden. Beispiele für nicht zur Sache gehörige innerpersönliche Zwänge, die mit realistischer Verarbeitung von Informationen in Konflikt geraten, sind Gewohnheiten, Überzeugungen und Wahrnehmungsweisen, die sich mit der Information schwer verbinden lassen, irrationale Motive des Ego, Machtbedürfnisse, der Drang, sich selbst zu erhöhen, der Zwang, Beängstigung fernzuhalten.

Unbefangenes Bewerten fremder Methoden, denen man selbst nicht folgen will oder kann, erfordert demzufolge ein gewisses Maß an Bewußtseinsklarheit. Hindernisse auf dem Weg dorthin könnte die Maxime von Fritz Perls fortträumen helfen.

Vermenschlichte Religionswissenschaft

Ihr schwacher Punkt ist so alt wie die Religionswissenschaft selbst. Mithin haben schon früher Religionswissenschaftler versucht, ihrem leidigen Problem beizukommen. Einer von ihnen, Wilfred Cantwell Smith, fand eine Antwort, die ich seit Studententagen hochhalte, die mir half, meinen eigenen Weg im Feld der Religionen zu finden: *The study of religions is the study of persons!*

Professor Smith publizierte seinen programmatischen Artikel im Jahre 1959, in der Endphase des Kolonialzeitalters. Zu einer epochema-

3) Milton Rokeach, *The Open and Closed Mind*, New York 1960, 57.

chenden Schrift wurde jener Aufsatz freilich nicht. So gut wie alle Religionswissenschaftler dürften ihn schon mal gelesen haben, doch nur wenige fanden sich bereit, seinen Grundsatz in ihre Tat umzusetzen. Religionsforschung ist Menschenforschung, Wilfred Cantwell Smith betont, daß dieser Satz von Anfang an in der Religionswissenschaft gültig war, daß nur nicht jeder Religionswissenschaftler begriffen (*grasped*) hätte, was er bedeutet. Begeistert zeigt er uns, in welchem Licht der alte neue Grundsatz unsere Arbeit erscheinen läßt[4]:

> Daß wir nicht Dinge, sondern Qualitäten persönlichen Lebens erforschen, ist etwas Großartiges. Es mag unsere Arbeit schwieriger gestalten als die der Naturwissenschaftler, es macht sie aber auch bedeutsamer und in einem wichtigen Sinne wahrer. Ideen, Ideale, Treue, Leidenschaften, Sehnsüchte lassen sich nicht unmittelbar beobachten, ihre Bedeutung in der Menschheitsgeschichte ist jedoch nicht weniger folgenreich und ihre Erforschung nicht weniger wertvoll oder wichtig. Auch besitzen die transzendenten Dinge, auf die sie sich, zweifellos in unangemessener Weise, beziehen, keinen weniger soliden Stand im Universum. Eine Galaxie mag größer sein, doch einen Wert halte ich nicht nur für wichtiger, sondern auch für wenigstens genauso wirklich und in gewisser Hinsicht für noch wirklicher.

Von der Vermenschlichung der Religionswissenschaft habe ich noch nie genug Aufhebens machen können: Es ist Zeit, Menschen neben Sachen zu stellen, mehr noch, die Menschen in den Mittelpunkt zu stellen! Freilich, wie dabei vorzugehen sei, eine praktikable religionswissenschaftliche Methode, sie habe ich nicht entdecken können, weder bei Wilfred Cantwell Smith noch bei anderen Religionswissenschaftlern.

---

4) Wilfred Cantwell Smith, 'Comparative Religion: Whither - and Why?', M. Eliade and J.M. Kitagawa (eds.), *The History of Religions*, Chicago 1959, 35.

Von Psychologen lernen

Religiosität beginnt mit Erfahrung, Erfahrung beginnt mit Fühlen und Denken. Da Denken und Fühlen Themen der Psychologie sind, suchte ich dort. Meine Neugier wurde belohnt, ich habe für mich Wichtiges lernen können, freilich ohne mich jetzt für einen Psychologen zu halten. Psychologen zielen aufs Allgemeine, auf Definitionen und Theorien, um zu erklären, wie Denken oder Fühlen entsteht und verläuft. Manche suchen sogar experimentelle Beweise. Über den Denkprozeß stritten unlängst marxistische gegen 'bürgerliche' Theoretiker. Doch mit Gefühlen tun sich alle schwer in einer Gesellschaft, in der 'Gefühlsanalphabeten' den Ton angeben. So spannend es auch bleiben wird, den Fortgang psychologischer Forschung zu verfolgen, meine Sache ist sie nicht. Mögen die Gesetzmäßigkeiten von Denken und Fühlen allgemein anerkannt sein oder umstritten bleiben, religionswissenschaftliches Interesse fixiert mich auf das, was jeweils gedacht oder gefühlt wird, sofern es zum Bereich des Religiösen gehört.

Mit Gedanken lernen Religionswissenschaftler umgehen, die Glaubenssysteme der Religionen bieten ein Übungsfeld. Aber mit Gefühlen? Die meisten Religionsforscher haben so getan, als spürten sie selber nichts, während sie sich mit fremdem Glauben befaßten, oder sie unterdrückten, was in ihnen hochstieg. Das sind unsere Vorbilder bis zum heutigen Tag, obschon nicht verborgen bleibt, von welchen Gefühlen sie sich bewußt oder unbewußt beim Beurteilen fremden Glaubens haben leiten lassen. Von Psychologen weiß ich, daß man seine eigenen Gefühle erkennen und anerkennen lernen müsse, bevor man sich die Gefühle anderer offenbaren läßt. Auch Zuhören kann man vermutlich am besten von Psychologen lernen.

Psychologische Forschung förderte unterschiedliche Formen der Intelligenz zutage[5]. Neben der logisch-mathematischen gibt es sechs weitere, unter ihnen die 'interpersonale' und die 'intrapersonale'. Die logisch-mathematische, auf ihr beruht Wissenschaftlichkeit im landläufigen Sinne, ist wenig oder gar nicht brauchbar für den religionswissen-

5) Howard Gardner, *Frames of Mind. The Theory of Multiple Intelligence*, New York 1985.

schaftlichen Umgang mit Gefühlen anderer. Dazu taugt am besten interpersonale Intelligenz, wenn möglich gepaart mit intrapersonaler, die eigene Gefühle erkennen läßt. Diese Typologie spricht ebenfalls dafür, aus der religionswissenschaftlichen Not eine Tugend zu machen und jeden 'sein eigenes Ding' tun zu lassen. Denn Religionswissenschaftler, wenn sie weder ihre intra- noch ihre interpersonale Intelligenz entwikkeln konnten, dürften an den Menschen scheitern und deshalb lieber mit logisch-mathematischer Wissenschaftlichkeit über religiöse Sachen forschen wollen. Auf der anderen Seite könnte sich ein Zweig der Religionswissenschaft über bloße Wissenschaftlichkeit hinaus zu einer Kunst entwickeln in dem Sinne, wie die Übersetzung literarischer Texte mehr bieten muß als eine philologische Analyse.

Humanwissenschaft

Die Religionswissenschaft rechnet man zu den Humanwissenschaften, was sie von Naturwissenschaften unterscheidet. Trotzdem begegnen Religionsgeschichtlern bei der Arbeit recht oft Tiere, Berge, Quellen, Bäume, Steine und Sterne. Der Unterschied ist klar: Naturwissenschaftler wählen sich ihren Forschungsgegenstand selber, Religionsgeschichtler erhalten ihn von den Gläubigen. Außerdem gilt naturwissenschaftliches Interesse zumeist einer Art, religionsgeschichtliches dem Individuum, einem ganz bestimmten Baum, dem einmaligen Berg, dem außerordentlichen Tier. Wer oder was als außergewöhnlich gilt, das bestimmen die Gläubigen. Für Religionsgeschichtler stehen nicht Fauna oder Flora im Blickpunkt, sondern Menschen.

Als Humanwissenschaft unterscheidet sich die Religionswissenschaft auch von der Theologie, die traditionellerweise Gott und göttliche Dinge in den Mittelpunkt ihrer wissenschaftlichen Arbeit stellt. Aber auch Religionsgeschichtler befassen sich fortwährend mit Gott, Göttern, Engeln und Geistern. Eine Theologie oder alle, hier macht die Zahl den Unterschied. Eine Theologie ist partikular, auch wenn sie universale Geltung für sich beansprucht. Religionsgeschichtler mögen diese Theologie lieber erforschen als jene, aber grundsätzlich umfaßt der Radius ihrer Wissenschaft die ganze Welt der Religionen. Glaubende, wenn sie von der Lehre ihrer Religion ausgehen, werden im Vergleich zu anderen ihren Glauben stets an erster Stelle sehen. Religionsgeschichtler lernen Religionen kennen, ohne sie zu werten. Sie können sich das leisten, denn es geht dabei nicht um ihr Seelenheil. Die Religionen jedoch haben mit dem Heil jener Menschen zu tun, deren Glaube ihr Leben und Sterben bestimmt. Religionsgeschichtler tun deshalb gut daran, auf Glaubende zu hören. Diese offenbaren uns, wer für sie wichtig und was für sie richtig ist.

Von welcher Seite her man die Religionswissenschaft auch betrachtet, sie bleibt eine Wissenschaft vom Menschen. Nicht vom Menschen schlechthin, aber von konkreten Menschen aller Rassen und Weltgegenden. In den Kreis der Humanwissenschaften bringen Religionswissenschaftler eine menschliche Dimension ein, die ohne sie übergangen würde. Sie erforschen den Menschen in seiner Bezogenheit auf das Übermenschliche, auf das Transzendente, das der Fromme jenseits seiner Sinne, aber nicht jenseits seiner Erfahrung findet. Das Thema der Religionswissenschaft ist also der religiöse Mensch, genauer, der religiöse Mensch und seine Werke. Bislang hatten Religionswissenschaftler vor allem die Werke im Blick.

Von Sachen und Menschen

Zu den 'Sachen' zählen Dinge aus beliebigem Material, wie wir sie an religiösen Orten sehen. Aber auch Nichtmaterielles gehört dazu wie Lehrsätze, Gottesbeweise, Ordensregeln sowie religiöse Organisationsformen, Verwaltungen, Hierarchien. Selbst kultisches und sittliches Handeln fällt noch unter 'Sachen', da man eine Liturgie filmen und die Geltung sittlicher Normen in Umfragen herausfinden und statistisch erfassen kann. 'Sachen' sind, außer in Geheimkulten, meist öffentlich, da sie zum Bereich institutionalisierter Religion zählen. Dagegen ist mit 'Menschen' das gemeint, was die Sachen verschweigen und was niemandem auf der Stirn geschrieben steht: private Religion, persönliche Frömmigkeit, lebendiger Glaube oder wie man es sonst noch nennen mag.

Man könnte auch von 'Sichtbarem' und 'Unsichtbarem' sprechen, um deutlich zu machen: Die Hinwendung zu den Menschen befreit nicht vom Studium der Sachen. Da sich in Sichtbarem Unsichtbares ausdrückt, werden Sachen für die Religionsforschung stets bedeutsam bleiben. Doch weil in den Sachen Unsichtbares durch Menschen zum Ausdruck gebracht wird, sollten wir auch bei ihnen nach dem Unsichtbaren suchen.

Diese Einsicht ist das Neue nicht. Religionswissenschaftler haben sich schon früher bemüht, vom Sichtbaren zum Unsichtbaren vorzustoßen. Von Hermeneutikern haben sie gelernt, im Ausdruck nach dem Sinn zu suchen. Die Hermeneutik gilt als Kunst der Auslegung vor allem von Texten. Deshalb läßt sie sich nicht überall mit gleichem Erfolg einsetzen, zum Beispiel kaum bei sogenannten Stammesreligionen oder auch bei sogenannten Neuen Religionen, da die einen Wesentliches mündlich weitergeben, da den anderen der Prozeß der Klärung von wesentlich und unwesentlich meist noch bevorsteht.

Neu wäre die unmittelbare Hinwendung zu den Menschen. Sie ist persönlich und geschieht durch Begegnung. Begegnung schließt auf der einen Seite keinen Religionstyp von vornherein aus. Ob Menschen zu einer sogenannten Schriftreligion gehören oder nicht, ob ihre Religionsgemeinschaft alt ist oder neu, sie können hören und reden. Unmögliches findet sich freilich auf der anderen Seite, bei der Religionswissenschaft. Persönlich begegnen werden uns immer nur Zeitgenossen, und die kennen zum Beispiel auf eine Frage nach Vergangenem auch nur indirekte Antworten.

Zweierlei Experten

In der persönlichen Begegnung von Religionsforschern und Glaubenden treffen zweierlei Experten zusammen. Die Religionsforscher sind auf Neues aus. Meist wissen sie schon allerlei über die betreffende Religion. Was sie wissen, kann richtig oder falsch sein, gemessen am Urteil der anderen Experten, der Gläubigen. Erfolg oder Mißerfolg einer Begegnung dürfte nicht zuletzt davon abhängen, wie sich die unterschiedlichen Experten aufeinander einstellen.

Religionswissenschaftler haben gelernt, Konkretes zu abstrahieren, religionshistorische Zusammenhänge zu überblicken, einen Glauben wissenschaftlich zu behandeln. Glaubende können so etwas in der Regel nicht. Ihr Expertenwissen betrifft die eigene Religion, Konkretes, ihren persönlichen Glauben. Wissenschaftler reden über Erfahrungen anderer, ihre akademischen Erkenntnisse addieren sie zu professionellem Wissen. Gläubige reden über eigene Erfahrungen, über Wissen, das ihr Leben sie gelehrt hat. Es wird immer wieder vorkommen, daß Gelehrte über die Etymologie einer religiösen Vokabel oder über den Urheber einer Formulierung oder über die Geschichte eines Textes besser Bescheid wissen als ungelehrte Gläubige. Doch was deren gelebte Religion betrifft, so gibt es keinen Experten auf der ganzen Welt, der ihnen das Wasser reichen könnte.

Zweierlei Material

Die Religionsforschung lebt von ihrem 'Material'. Was wir von einer Religion wissen, hängt ab von Zeugnissen jener Religion oder auch nur von Zeugen. Solches Material haben Religionsforscher seit langem zusammengetragen und in Bibliotheken gelagert. Daraus schöpft jede Generation aufs neue, schafft damit das Ihre und vermehrt so den Bibliotheksbestand.

Gedruckt hat man heilige Schriften fremder Religionen nebst Kommentaren. Falls sie in fremden Sprachen verfaßt wurden, gibt es auch Übersetzungen, welche, hält man mehrere nebeneinander, den Sinn wichtiger Stellen fast immer verschieden wiedergeben. Zudem existieren schriftliche Quellen, statistisch gesehen, nur bei einem kleinen Teil der Religionen.

Eine Mischung aus Quellen und Interpretation bieten religionswissenschaftliche Monographien. Der Wert religionswissenschaftlicher Interpretationen liegt irgendwo zwischen Vermutung und Gewißheit, so daß sich die Leser nicht immer sicher fühlen dürfen. Auch die Zeit kann den Wert religionswissenschaftlicher Monographien schmälern, falls neue Quellen gefunden wurden oder bessere Interpretationen. Denn religiöse Quellen unterliegen dem Wandel in der Religionsgeschichte und religionswissenschaftliche Interpretationen dem Wandel in der Wissenschaftsgeschichte.

Auch hier erkennen wir, wie hilfreich eine Begegnung mit Glaubenden sein könnte. Als Experten für ihren Glauben wären sie die denkbar besten Gutachter über den aktuellen Wert religionswissenschaftlichen

Materials. Da sie uns sozusagen als lebendige Quellen ihrer Religion begegnen, vermitteln sie uns möglicherweise auch neue Zeugnisse, neu im zeitlichen wie im räumlichen Sinne, also über die Grenzen des bislang zusammengetragenen Materials hinaus. Ihre Interpretationen besitzen, weil sie von Glaubenden stammen, eine besondere Autorität und oft auch eine eigene Qualität, eine solide Grundlage also für religionswissenschaftliche Interpretationsversuche.

Vom Mißverstehen

Was wir verstehen, wird uns vertraut, was wir nicht verstehen, bleibt uns fremd. Fremdem setzen wir uns ungern aus. Auf fremdem Gebiet, ohne vertraute Orientierungsmarken, tappen wir unsicher umher; mit fremden Dingen wissen wir nichts Rechtes anzufangen; unter fremden Menschen fühlen wir uns nicht so unbeschwert wie unter Freunden; manchesmal macht uns ein Fremder oder etwas Fremdes regelrecht Angst.

Was wir nicht kennen, macht uns schnell beklommen. Deshalb suchen wir, unsere Verwirrtheit mit Deutungen zu beseitigen. Der Mensch erkennt, was er kennt. Wiedererkennen und Erklären fallen deshalb oft in eins. Sobald wir an Fremdem etwas entdecken, das uns bekannt vorkommt, haben wir es in unseren Deutungsrahmen gestellt und somit in Vertrautes verwandelt.

Mißverstehen beginnt dort, wo man sich einbildet, Vertrautes zu erkennen, zumal wenn Unbehagen vor dem Fremden zu einer raschen Erklärung treibt. So sind jene religionswissenschaftlichen Deutungen fremder Religiosität entstanden, die inzwischen als 'europazentrisch' abgestempelt wurden. Die Wissenschaft, auf die manche alles setzen, ist ein europäisches Produkt, sie entspringt europäischer Tradition des Denkens und Glaubens. Solange wissenschaftliche Erklärungen einer fremden Religion europäischer Logik nicht widersprachen, hielt man sie unbesehen für wahr und richtig.

Ob sie es wirklich sind, das ist die Frage. Seit dem Ende der Kolonialzeit, seit ehemals Bevormundete gleichberechtigt mit uns reden, hören wir sie europäisch-wissenschaftlich-logische Erklärungen ihrer Religiosität ablehnen. Je nach Temperament zählen sie belustigt oder verbittert auf, wieviel Unsinn zustandekam, als Europäer sich das Fremde vertraut machten. Unsinnig erscheint es in ihrer Sicht, aber da es um ihre Religiosität geht, dürfte in diesem Fall ihre Sicht mehr Gewicht besitzen als unsere.

Was sollen wir nun tun? Wir könnten auf Abstand gehen und warten, bis uns jeder seine eigene Religion erklärt hat. Das kann aber lange dauern, und sie kann uns dann nicht weniger fremd erscheinen. Oder wir pochen auf unsere Wissenschaftlichkeit und ignorieren die Einwände von Gläubigen. Oder aber wir kommen mit ihnen zusammen, hören auf sie, ertragen Desorientierung und Unbehagen, bis uns das Fremde allmählich vertraut wird, aber von sich aus, nicht von uns aus.

Vom Verstehen

Verstehen geschieht zwischen Verschiedenen, weil Gleiche gleich sind und Verstehen nicht nötig haben. Religionswissenschaftler begegnen Verschiedenen auf mehreren Ebenen, im Gespräch zwischen den Wissenschaften, im Gespräch zwischen den Religionen und im Gespräch mit den Gläubigen.

Auf der Ebene der Wissenschaften geht es vor allem um theoretisches Verstehen, um Zusammenhänge jenseits der Bereiche einzelner Religionen, um Religion im Singular, um allgemeine religiöse Strukturen und Gesetzmäßigkeiten. Hierfür sind Religionswissenschaftler unbestritten die Experten. Was sie anderen Wissenschaftlern verständlich machen, es ist die Religionswissenschaft, deren Probleme und Entwürfe, die historische Entwicklung ihrer Fragen und Antworten, der Meinungsstreit unter Religionswissenschaftlern.

Auf der Ebene der Religionen sind Religionsgeschichtler inzwischen nicht mehr die einzigen Experten. Sie waren es aber lange Zeit. Zu Anfang hatten sie noch alle Hände voll zu tun mit religiösen Überlieferungen, die erst einmal entdeckt, verglichen, datiert und ediert sein wollten. Indessen, lebendiger Glaube wächst weiter, steht nicht still, auch Inhalte des Glaubens wandeln sich. Jetzt ist die Zeit gekommen, sich diesem Wandel zuzuwenden. Und was gegenwärtig geglaubt wird, wer wüßte das besser als die Glaubenden selbst?

Deshalb sprechen Religionsforscher auf der dritten Ebene mit Gläubigen. Da die Gläubigen Menschen sind, ist damit zu rechnen, daß sie menschlich reagieren: Werden sie belächelt, könnte es ihnen Spaß bereiten, die Frager irrezuführen; stellt man ihnen schlaue Fallen, dürften sie bald nur noch ausweichen; fühlen sie sich durch bohrendes Fragen an die Wand gedrängt, könnten sie verstummen. Folglich dürften Religionsforscher bei der Arbeit mit Informanten weiterkommen, wenn sie mehr verstehen als nur die religionswissenschaftliche Problematik.

Was Glaubende mitteilen, bereichert die Forschung zweifach. Es belegt oder modifiziert Aspekte dessen, *was* geglaubt wird, und es erschließt die Eigenart der untersuchten Religiosität, weil es zeigt, *wie* geglaubt wird. Was den Inhalt der Lehre betrifft, so dürften sich in der Regel religiöse Spezialisten als die besseren Informanten erweisen. Über die gelebte Religion jedoch hat jeder Gläubige Wichtiges mitzuteilen, vorausgesetzt, er kann und will offen sprechen. Auskünfte über Geglaubtes beruhen auf Wissen, Auskünfte über das Glauben kommen aus der Erfahrung mit Geglaubtem. Forscher gelangen hier auf zwei Wegen ans Ziel: durch Fragen und durch Zuhören. Die Methode des Interviews bestimmt den Forscher als Fragenden, die Informanten als Antwortende. Zuhören entzieht Forschern die dominierende Position, weil Gläubige die Themen vorgeben, weil sie reden und wir zuhören, weil sie bestimmen, was wichtig ist, und wir zu verstehen suchen, warum.

Verstehen bezieht sich auf vielerlei. Auf der Ebene der Wissenschaft versteht man Theorien, wissenschaftliche Texte und was ein Autor eigentlich meint. Auf der Ebene der Religionen versteht man, wie sich einzelne Glaubenssätze zu einem System zusammenfügen, dessen Teile, ihrer eigenen Logik folgend, ineinandergreifen. Auf der Ebene der Gläubigen versteht man Erfahrungen, die sich nicht anderswie 'nachvollziehen' lassen, weil die Erfahrung von Glaubenden für immer ihre Erfahrung und als solche einmalig bleibt.

Als Methode hat auch Verstehen seine Grenzen. Niemand kann alles verstehen. Es gibt ungezählte wissenschaftliche Theorien, Texte und Autoren. Davon kenne ich nur einen Bruchteil und manche verschließen sich meinem Versuch, sie zu verstehen. Es gibt ungezählte Religionen. Auch von ihnen kenne ich nur einen Bruchteil, und bei manchen vermag ich die Funktion einzelner Glaubensaussagen nicht als logisch im Sinne eines systematischen Ganzen zu verstehen. Es gibt ungezählte Gläubige. Von denen, die ich kenne, meine ich wenigstens jene zu verstehen, auf deren Wellenlänge ich eingestellt bin, um ein Bild aus der Kommunikationstechnik zu entlehnen.

Das Gegenteil von Verstehen wäre, Fremdes dem eigenen Standpunkt unterzuordnen. Andere beurteilt der Mensch üblicherweise von sich selbst aus, so wie er sie sieht. Man tut das im privaten wie im Berufsleben. Dieselbe Sache sehen Mediziner anders als Juristen oder Mathematiker. Von sich aus deuten Wissenschaftler eine fremde religiöse Erfahrung vielleicht als 'archetypisch', ein fremdes religiöses Glaubenssystem vielleicht als 'synkretistisch'. So bewahrt man Distanz. Oder sie erklären die fremde Erfahrung als 'Halluzination', den fremden Glauben als 'Selbsterlösung'. So bewahrt man überlegene Distanz.

Verstehen ist anders, es führt in entgegengesetzte Richtung, in die Nähe. Sich annähern gehört wesentlich zum Verstehen. Es setzt voraus, den eigenen Standpunkt auch einmal verlassen, ein Problem aus fremder wissenschaftlicher Sicht, einen Glauben gemäß fremder Folgerichtigkeit, Tod und Leben im Horizont fremder Menschen sehen zu können.

Vom Zuhören

Gegenüber dem Lesen spielt Zuhören in der Religionsforschung eine kaum wahrnehmbare Rolle. Texte, dauernd fixierte Lebensäußerungen, wir lesen sie wieder und wieder, wenn wir auf der hermeneutischen Spirale zum Sinn vorzudringen suchen. Ebensowenig spontan sind die meisten Texte entstanden. Ihren Sinn haben Autoren wiederholt durchdacht, ihre Form wiederholt verbessert oder umgearbeitet. Zuhören geschieht unmittelbar. Wer spricht, sagt, was ihm jetzt, im Augenblick wichtig ist, und er sagt es so, wie es am besten zum augenblicklichen Hörer paßt.

Fixieren läßt sich Spontanes freilich auch mittels Stenogramm, Tonband oder Video. Aus Stenogrammen werden schließlich ausgeschriebene Texte. Auf Tonband Gesprochenes können viele Hörer abspielen, wann immer und so oft sie es wollen. Zudem macht es nur geringe Mühe, konservierte Laute in Buchstaben umzuwandeln, um Gespräche als Texte interpretieren zu können.

Texte wie Tonbänder fixieren Wörter und Sätze. Doch wir hören weit mehr als wir lesen: Zögern, Lachen, wie der Tonfall wechselt, Pausen, Unterschiede im Sprechtempo, Schrilles oder Würdevolles. Videobänder konservieren all das und zusätzlich noch Mienenspiel und Gesten, was einer leibhaftigen Begegnung schon sehr nahekommt.

Mit technischen Mitteln lassen sich persönliche Begegnungen freilich nicht ganz ersetzen. Dabei ginge zum einen die 'Atmosphäre' verloren, ein von den Sinnen zusammengefügtes Erlebnis, der gefühlte 'Kontext' des Gesprochenen, die einmalige Situation. Zum anderen käme das Zusammenspiel von Sprecher und Hörer abhanden. Selbst wenn man kein Interview macht, allein Verständnisfragen äußert und sich ganz auf das konzentriert, was der andere sagt, gibt man ständig, bewußt oder unbewußt, Zeichen des Verstehens oder Nichtverstehens, die den Sprecher anregen, fortzufahren oder Exkurse zu machen. Auch dort, wo Gesprochenes konserviert wurde, reagierten Sprecher auf irgendwelche Hörer. Bleiben diese unsichtbar, dann könnten manche Passagen später von Dritten leicht als scheinbar unwichtig überhört werden.

Zuhörend hören wir Wörter und Sätze, Aussagen also, die sich bei religionsgeschichtlicher Forschung zumeist auf Religiöses beziehen. Gläubige sagen uns, was sie über ihren Glauben gelernt haben, sie teilen uns aber auch mit, manchesmal stockend oder verklausuliert, was sie persönlich davon halten. Wir hören sie also über ihre Gedanken reden. Fremden Gedanken kommen wir nahe, indem wir versuchen, uns in den anderen hineinzuversetzen, die Welt und was die Gläubigen bewegt, mit ihren Augen, aus ihrer Perspektive zu sehen. Indem sie zu uns sprechen, offenbaren sie freilich auch ihre Gefühle, ob sie das nun wollen oder nicht. Wir können spüren, was sie bewegt, wir können es heraushören aus dem, was und vor allem wie sie es sagen. Fremden Gefühlen kommen wir nahe, indem wir versuchen, uns in den anderen einzufühlen, indem wir, wie die Psychologen sagen, 'Emphathie' üben. Aber sollten wir das wirklich versuchen? Lohnt sich solch ein Aufwand? Tragen Gefühle von Glaubenden zum Erfolg einer Religionsforschung irgendetwas bei? Ich denke ja.

Gefühle von Menschen, die 'erforscht' werden, beziehen sich zunächst auf diese Situation. Entwickeln Forscher hierfür ein Gespür, dann hilft das ihre Lage klären. Spüren sie Mißtrauen, werden sie behutsamer vorgehen; begegnen sie Vertrauen, werden sie sich auf dem richtigen Wege wissen; traut man ihnen gar zu, komplizierte Aspekte des fremden Glaubens zu begreifen, werden sie sich ihrem Ziel nahe fühlen.

Auf praktischen Nutzen dürfte schwerlich jemand verzichten wollen. Aber welchen Wert besitzen Gefühle, wenn es um Glaubenssysteme, um religiöse Inhalte geht? Dann halte ich sie für besonders aufschlußreich. Religiöser Glaube berührt Unaussprechliches, und dem kommen religiöse Gefühle näher als religiöse Vokabeln. Auch mit Unausgesprochenem wird konfrontiert, wer Gläubigen zuhört. In diesem wie in jenem Fall dürfte es lohnen, auf das Gefühl der Sprechenden einzugehen.

Sodann gibt es religiösen Wandel."Wie lebendig ist heute noch eine bestimmte Tradition?" Antworten auf solche Fragen werden gefunden, wo man auf Gefühle derer achtet, die es angeht, selbst dann, wenn sie den Wortlaut jener Tradition nicht mehr auswendig wissen sollten. Nein, in der Religionsforschung genügt es nicht, sich auf religiöse Ideen und Begriffe zu konzentrieren, während man die Emotionen jener übersieht, die von den Ideen und Begriffen betroffen sind. Nächstenliebe, Mitleid, Haß auf Ungläubige und Ketzer, das Erlebnis inneren Friedens - Gefühle haben ganzen Epochen in der Religionsgeschichte ihren Stempel aufgedrückt, sie lassen sich auch heute aus den Religionen nicht fortdenken.

Mir kam das zum ersten Mal zu Bewußtsein, als ich die Geschichte der *Kitawala* rekonstruierte. Die historischen Ereignisse ließen ahnen, welch mächtige Emotionen zur Zeit des Ersten Weltkriegs und danach mitten in Afrika am Werk gewesen sein müssen. Äußere Ursachen waren aus Dokumenten erschließbar, doch was die betroffenen Afrikaner damals innerlich bewegt hat, dafür fand ich nur spärliche Belege.

Tote bleiben stumm, Lebende reden. Fortan suchte ich die Begegnung mit Lebenden. Im Laufe der Jahre kamen einige zusammen: Afrikaner, Polynesier, Indianer, buddhistische Bettelmönche und Haushalter. Ihnen und anderen habe ich aufmerksam zugehört. Was sie mir sagten, hat anstudiertes Wissen bestätigt oder berichtigt, zum Teil widerlegt. Vieles aus ihrem Munde war neu. Nach und nach haben Erfahrungen auch meine letzten Vorbehalte gegenüber dem Zuhören entkräftet.

Eine Ungewißheit schwand jedoch nicht. Für die Praxis fand ich nur unzureichende Anleitung. Ich mußte also probieren und aus Fehlern zu lernen suchen. Manchmal kam mir unerwartet zu Hilfe, was ich aus anderen Zusammenhängen kannte. Zum Beispiel Achtsamkeitsübungen, die ich öfters mit Studenten aus religionsgeschichtlichen Seminaren bei verschiedenen buddhistischen Meditationslehrern trainiert hatte. Solche Übungen stabilisieren nervöse Gemüter und fördern die Fähigkeit, anderen geduldig und liebevoll zuzuhören. Als ich gewissen Hinweisen aus der alten Maori-Religion nachging, ließ ich mich in eine Methode einweisen, die auf Eugene T. Gendlin zurückgeht und 'Focusing' genannt wird[6]. Mit ihrer Hilfe kann man seine unscharfen Gefühle klären. Zuvor hatte ich in Berkeley ein Forschungssemester über Quellen zu Neuen Religionen verbracht. Dabei bin ich auf die Humanistische Psychologie gestoßen und somit auf Schriften von Carl R. Rogers, dem Vater des nicht-direktiven oder personenzentrierten Gesprächs[7]. Das alles brachte mich weiter in der Bemühung um planmäßiges Zuhören als Mittel der Religionsforschung. Die Suche weitete sich aus, als ich nicht mehr allein suchen mußte. Seither wurde sie auch vergnüglicher.

Wie dieses Buch entstand

Es fing mit Staunen an. Im Doktorandenkolloquium überraschte uns, wie viele aus ihrer Feldforschung ähnliche Erfahrungen berichten konnten. Alle Teilnehmer waren Religionsgeschichtler, und so gut wie alle waren mit Untersuchungen zum Religionswandel befaßt. Aber das hat die Ähnlichkeit der Berichte nicht bewirkt. Auch arbeiteten die meisten anderswo, auf einem anderen Kontinent, mit einer anderen Religion. Was alle verband, war eindeutig die Begegnung mit Gläubigen.

Unsere Erlebnisse mündeten schließlich in die allgemeine Frage, wie man sich als Forscher Gläubigen gegenüber richtig verhalte. Nach Antworten suchten wir zuerst bei religionswissenschaftlichen Autoritäten - und gingen leer aus. Gläubige sind, anscheinend gemeinhin, für Religionswissenschaftler kein Problem geworden, zumindest kein methodi-

6) Ausführlich dargelegt von Eugene T. Gendlin, *Focusing*, Salzburg 1981.

7) Demonstriert in Carl R. Rogers, *Die nicht-direktive Beratung*, Frankfurt/M. 1985.

sches, schon gar kein methodologisches. Als wir das entdeckten, haben wir beschlossen, nicht für uns zu behalten, was wir in kleinem Kreis dazu zu sagen hatten.

Zwischen diesem Entschluß und dem fertigen Buch mußte freilich noch allerlei getan werden. Weil manche Teilnehmer nach abgeschlossenem Studium nicht mehr in oder bei Marburg wohnten, konnten wir immer nur an Wochenenden in monatelangen Abständen zusammenkommen. Sichtbare Konturen erhielt unser Plan erst, als wir im Sommersemester 1989 fünf Tage lang im Allgäu, im Universitätsheim Hirschegg[8], in Klausur gehen konnten. Danach hat dann in Marburg ein 'Redaktionsteam' die Beiträge der Autoren gesammelt und geordnet, Unklares geklärt, Zwischentexte verfaßt und das Ganze redigiert.

Bei alledem wurden wir von einem Ziel geleitet, das bescheiden war und blieb. Wir hatten uns nicht vorgenommen, alle Fragen auf einmal zu klären. Wir wollten kein Handbuch schreiben, in dem man für jede denkbare Situation die passende Lösung nachschlagen kann. Wir waren nicht darauf aus, der wissenschaftlichen Welt eine komplette Methodologie vorzulegen. Wir wollten aus der Praxis für die Praxis schreiben, da anzunehmen ist, daß anderen in ähnlichen Situationen Ähnliches begegnen dürfte. Zugleich wollten wir zeigen, von welch großem Wert Gläubige für die Religionsforschung sein können. Was wir mitteilen, beruht auf persönlicher Erfahrung. Das ist ein sicheres Fundament, die Autoren bürgen für ihre Erlebnisse. Ob auch andere darauf bauen können, es wird sich zeigen, wenn sie es probieren.

8) Für finanzielle Unterstützung danken wir dem Marburger Universitätsbund auch an dieser Stelle.

Was die Autoren mit ihrem Buch beabsichtigen

Dieses Buch schildert und analysiert Erfahrungen mit religionsgeschichtlicher 'Feldforschung'. Vier Autorinnen und vier Autoren haben dazu beigetragen.

Was die Arbeiten, die hier einfließen, verbindet, ist der methodische Ansatz. Persönliche Religion, im Unterschied zu institutioneller Religion ist es, was wir erforschen wollen. Jeder von uns hat sich in seinem Forschungsprojekt dafür entschieden, die Gläubigen zur wichtigsten Quelle zu machen. Das führte uns unausweichlich, manche von vornherein, manche während derArbeit, dazu, die Begegnung mit den Gläubigen zu suchen: den Kontakt, das Gespräch, das Miterleben, die 'teilnehmende Beobachtung'. Erfahrungen, die wir dabei gemacht haben, sind in den vier Kapiteln dieses Buches zusammengefaßt.

Wir haben unsere Erlebnisse während vieler Sitzungen und einer Klausurtagung analysiert, bevor schließlich Dietmar Först, Petra Siegmann und Joachim Süss zusammen mit dem Herausgeber die einzelnen Kapitel erstellt und bearbeitet haben. Sie finden im Inhaltsverzeichnis ausgewiesen, wer für welches Kapitel verantwortlich war.

Indem wir unsere Begegnung mit Gläubigen schildern und unsere Erfahrungen systematisieren, wollen wir weniger zur Theorie, mehr zur Praxis der Religionsforschung beitragen. Dieses Buch, wir betonen es noch einmal, sollte kein Handbuch werden; es soll ein Erfahrungsbericht sein und soll Anregungen geben für ein Feld der Religionsforschung, das noch weithin unerschlossen ist. Mit diesem Buch wollen wir einen ersten kleinen Schritt tun, damit eine große Lücke in der Religionswissenschaft geschlossen wird. Auch wenn wir uns noch dem 'Nachwuchs' zurechnen, auch wenn manches, wie überall in der Wissenschaft, nur mit Vorbehalt gelten kann, tun wir diesen Schritt selbstbewußt. Denn unsere gemeinsame Erfahrung hat bestätigt: die Begegnung mit Gläubigen erschließt eine unersetzliche Quelle.

Wir haben auch gelernt, daß die Begegnung mit Gläubigen Mühe kostet, und daß für den 'Feldforscher' bisweilen guter Rat teuer ist. Die Mühe lohnt - den guten Rat haben wir in der Religionswissenschaft schmerzlich vermißt. Deswegen möchten wir Anregungen und praktische Hilfen geben, möchten wir unsere Erfahrungen nachvollziehbar und für andere nutzbar machen.

Trotz des gemeinsamen methodischen Ansatzes sind wir zu unseren Erfahrungen auf verschiedenen Wegen gelangt. Das hat zwei Gründe. Forschungsvorhaben gehen von einer besonderen Ausgangssituation aus. Zwar haben alle unsere Themen zu tun mit religiösem Wandel, und diese Situation schafft allein für die religionsgeschichtliche Begegnung besondere Bedingungen. Die Religionen, zu denen die Themen gehören, unterscheiden sich jedoch erheblich. Ein zweiter Grund ist, daß jede Begegnung mit Gläubigen auch von persönlichen Umständen und Voraussetzungen abhängt.

Dennoch läßt sich eine grundsätzliche Haltung beschreiben, die erfolgreiche Forschung mit Gläubigen verspricht. Diese Grundhaltung haben wir anschaulich zu machen versucht. In den vier Kapiteln dieses Buches ist thematisiert, was wir für eine solche Forschung für grundlegend wichtig halten: In Kapitel 1 finden sich grundsätzliche Überlegungen und praktische Hinweise für die Vorbereitung der Begegnung mit Gläubigen. Kapitel 2 schildert die Alltagsbegegnung mit der fremden Kultur. Kapitel 3 widmet sich einem Kernproblem religionsgeschichtlicher 'Feldforschung', den Gesprächen mit den Gläubigen. Kapitel 4 schließlich thematisiert die Teilnahme an ihrem religiösen Leben.

Wir beschränken uns auf das, was wir mit unserer eigenen Erfahrung belegen können, und wenn wir in einzelnen Fällen ergänzend die Erlebnisse anderer zur Sprache bringen, so geschieht das, weil die dann zitierten Forscher ganz offenbar Ähnliches erfahren haben und es besser, als wir es könnten, ausgedrückt haben.

Begegnung ist immer etwas sehr Persönliches. Daher schildern die Autoren ihre Erlebnisse selbst und in eigener Verantwortung. Diese Einzelbeiträge sind vom Text abgehoben und mit einem Verfasser-Kürzel gekennzeichnet:

Es steht	A.S.	für	Antje Schumacher
	D.F.	für	Dietmar Först
	G.L.	für	Gabriele Lademann-Priemer
	J.S.	für	Joachim Süss
	P.S.	für	Petra Siegmann
	R.M.	für	Reiner Mahlke
	R.P.	für	Renate Pitzer-Reyl
	S.S.	für	Stefan Schlang.

Weitere Angaben zur Person der Autoren sowie eine Beschreibung ihrer Forschungsprojekte finden sich im Anhang.

Aufbrechen: Von der Literatur hin zu den Gläubigen

(Dietmar Först / Joachim Süss)

(1) Die Methode entwickelt sich am Gegenstand

In diesem Kapitel geht es um die Vorbereitung - um erste Schritte bei unseren religionsgeschichtlichen Forschungsvorhaben.

Es wäre denkbar gewesen, dieses Kapitel 'Vorbereitung' nach Religionstypen zu gliedern: der 'Typus' einer Religion bringt nämlich Unterschiede mit sich für die Art und Weise, wie wir auf die Gläubigen zugehen. Die Möglichkeiten einer Begegnung, und auch unsere Vorbereitung darauf, werden von den Eigenheiten der Religion beeinflußt, die wir erforschen wollen. Wir werden Unterschiedliches erleben, je nachdem, ob in einer Religion rituelles und alltägliches Tun auf einer schriftlich fixierten heiligen Lehre beruhen, oder auf Offenbarungen an Einzelne, die mündlich weitergegeben werden; ob eine Religion auf Mission aus ist und damit von vornherein offen für den Fremden, auch den Forscher, oder ob sie an einen bestimmten Kreis von Menschen gebunden bleibt, wie das in allen sogenannten Stammesreligionen[1] der Fall ist,

1) Bei der Benennung dieser Religionen stehen wir vor einem besonderen, bisher nicht gelösten Problem: eine allgemeine Bezeichnung zu finden, die ihnen gerecht wird. 'Stammesreligionen' mag noch der geeignetste unter vielen unzulänglichen Ausdrücken sein, die wir Europäer erfunden haben. Er weist hin auf die Zusammengehörigkeit von ethnischer und religiöser Tradition. Die korrekte Bezeichnung einzelner solcher Religionen ist die des betreffenden 'Stammes' oder des betreffenden Volkes, wie schon im Falle von 'römischer' oder 'germanischer', von 'Zulu-' oder 'Sioux'-Religion. 'Stamm' allerdings ist ein Wort, das für viele Ohren hier wie auch in jenen Kulturen abwertend klingt. Die Betroffenen selbst sprechen oft einfach von 'unseren Traditionen' (daher findet sich, vor allem in Afrika, auch die allgemeine Selbstbezeichnung *traditional religions,* 'traditionelle Religionen'). Der Ausdruck 'Stammesreligionen' deutet ferner an, wie sehr Religion und Glaube in diesen Kulturen auf die Gemeinschaft bezogen sind.
Wir ziehen ihn dem häufig gebrauchten, aber mißverständlichen 'Naturreligionen' vor, das 'Anbetung der Natur' wie auch den Gegensatz '*Natur* dort' - '*Kultur* hier'

und gar nicht darauf angelegt ist, zu werben und sich zu erklären; ob schließlich eine ganze Religion oder auch nur ein einzelner Ritus geheim ist oder nicht. All das will bedacht sein, wenn jemand sich ein Thema sucht und eine Begegnung mit Gläubigen plant.

Unsere Erfahrungen nach Religionstypen zu ordnen, könnte jedoch zu dem Eindruck verführen, daß allein die Religionstypologie das Vorgehen bestimme. So einfach ist es bei weitem nicht, auch wenn natürlich die Eigenart der gewählten Religion unserer Vorbereitung bereits eine Richtung gibt. Die Schilderungen der folgenden Kapitel machen jedoch deutlich, daß in der Vorbereitung und mehr noch in der Begegnung selbst die einmalige Situation den Ausschlag dafür gibt, wie wir uns verhalten. Ganz persönliche Umstände, bis hin zur Art unseres Auftretens, werden in der Situation der Begegnung vieles ins Rollen, vieles aber auch zum Stillstand bringen. Vor-Urteile auf unserer Seite und auf der Seite der Gläubigen, unsere und ihre Offenheit oder Reserviertheit in bestimmten Dingen, ja kleine Eitelkeiten - mögen sie individuell oder kulturell bedingt sein -, sie werden Türen öffnen oder verschließen. Das, was an Persönlichem auf unserer Seite liegt, sollten wir uns sehr früh bewußt machen, denn auch davon hängt das Gelingen unserer Arbeit ab. Die Form und der Inhalt, der persönliche Umgang mit den Gläubigen und das Verstehen fremder Religiosität sind in dieser Forschung nicht voneinander zu trennen. Das macht es so schwierig, 'Regeln' aufzustellen, die in jedem Fall gültig wären.

Von Anfang an lassen wir daher den Zugang, den jeder einzelne von uns aufgrund seines Themas, aufgrund der Eigenheiten 'seiner' Religion, und aufgrund der für sein Vorhaben gegebenen Literaturlage gefunden hat, für sich sprechen. Auf diese Weise stellen sich im ersten Kapitel zugleich die Autoren mit ihren Forschungsgebieten vor.

---

suggeriert, was beides die Sache nicht trifft. Ablehnen müssen wir die Bezeichnung 'primitive Religionen'; nur wer von keiner Sachkenntnis getrübt ist, kann eigentlich solche Religionen als 'primitiv' deklassieren. Dieser Ausdruck, der im Deutschen (anders als im Englischen und im Französischen, wo er das 'Ursprüngliche' meinen kann) unausweichlich abwertende Bedeutung hat, geistert jedoch weiter durch die wissenschaftliche Literatur und hält zäh seinen Platz in Lehrbüchern und Nachschlagewerken.

(2) Die Ausgangslage: das Literaturstudium

Wer sich als Wissenschaftler auf eine Religion einlassen will, wird gewöhnlich zunächst in Bibliotheken und Universitätsinstituten Nachforschungen darüber anstellen, was andere über sein Forschungsgebiet veröffentlicht haben. Die Sicherung und Auswertung vorhandener Literatur ist jedenfalls der übliche Weg, das Objekt eigener wissenschaftlicher Neugier einzukreisen und sich mit Eigenheiten und Problemen des Forschungsgegenstandes vertraut zu machen. Jeder Religionswissenschaftler lernt in seinem Studium die Analyse schriftlicher Quellen. So haben auch wir gearbeitet. Es war nicht nur die Grundentscheidung, *Religiosität* zu untersuchen, die uns verband, sondern auch, diese Forschung in den Bibliotheken zu beginnen.

Die Gläubigen als religionsgeschichtliche Quelle ernst zu nehmen, beginnt lange vor der persönlichen Begegnung. Sie 'begegnen' uns bereits in Büchern. Erreichbare Literatur werten wir für unsere Arbeit aus und entnehmen ihr mannigfache Informationen, die den Grund für unsere Arbeit legen. Aber wie sollen wir den Wert dieser Informationen einschätzen? Finden wir als Leser verläßliche Auskunft über Religiosität? Hier helfen folgende Fragen[2]:

- Erwähnt der Autor die *Gläubigen* oder behandelt er nur eine Sache, wenn er von dieser oder jener Religion spricht? Kann er auf eine persönliche Begegnung zurückgreifen?
- Wenn die Religion nicht nur als eine 'Sache'erscheint, sondern von den Gläubigen die Rede ist: spricht der Autor nur *über* sie oder kommen sie selbst zu Wort?
- Kommen sie zu Wort, fließt dann *ihre* Sicht ein in die Ausführungen des Autors, oder erklärt er die Funktion eines Ritus, eine spirituelle Vorstellung oder gar die Bedeutung der gesamten Religion nur aus *seiner* Einstellung, *seiner* Perspektive? Sind die Gläubigen am Ende

2) Wir haben diese Fragen in Anlehnung an Wilfred Cantwell Smith formuliert. Smith charakterisiert die verschiedenen Haltungen gegenüber fremden Religionen in der Geschichte der Religionswissenschaft in seinem Aufsatz "Comparative Religion: Whither - and Why?" in: Mircea Eliade und Joseph M. Kitagawa (Hgg.), *The History of Religions. Essays in Methodology,* Chicago 1959, 31-58, hier 34.

hauptsächlich deswegen zitiert, um eine Theorie zu entwickeln, zu untermauern, zu explizieren?

- Kann der Leser erkennen, wann die Gläubigen sprechen, und wann der Autor spricht? Kann er unterscheiden, wo der Autor die Handlungen und Sichtweisen der Gläubigen wiedergibt, und wo er eigene Erläuterungen und Erklärungen einfließen läßt?
- Wird belegt, wer von den Gläubigen spricht und mit welcher Autorität? Wird ihr religiöses Handeln beschrieben, so daß sich der Leser eine Vorstellung machen kann?

Die Grundfrage lautet: Beruft sich ein Autor in seiner Darstellung fremder Religiosität auf die Gläubigen? Wird erkennbar, wie *sie* ihr Handeln und die Welt sehen, was *ihnen* wichtig ist? Das mag gründen auf eigener Erfahrung des Autors mit den Gläubigen, oder er mag Geschriebenes als Quelle zitieren. Entscheidend ist, *daß* es geschieht.

Die genannten Fragen helfen uns, Veröffentlichtes kritisch einzuschätzen: Verläßliche Auskunft über Religiosität erhalten wir dort, wo ein Autor die Gläubigen in den Vordergrund treten läßt, wo ein Unterschied zwischen ihrem Erleben und seinem Versuch, es zu beschreiben, erkennbar wird, wo er ihre Deutung statt seiner zur Hauptsache macht.

Erst wenn die Gläubigen als Quelle erkennbar werden, können wir gegebenenfalls - durch unsere Begegnung mit Gläubigen in der eigenen Forschung - auch überprüfen, ob der Autor ihre Religiosität wirklichkeitsgetreu dargestellt hat.

Qualität und Umfang der Literatur sind meist davon abhängig, welchem Kulturbereich eine Religion entstammt, wie alt sie ist, und in welchem Maße sie bisher Anreiz und Gelegenheit geboten hat, über sie zu publizieren. Wie sehr sich das auf die Forschung auswirkt, und welche Schwierigkeiten hier auftreten können, zeigen die beiden folgenden Beispiele.

Vor allem Neue Religionen, die noch kaum festgefügte Strukturen ausgebildet haben, entgehen oft dem Interesse von Religionswissenschaftlern. So war Reiner Mahlke mit der Situation konfrontiert, daß alle drei (!) Bücher, die ihm bei der Erforschung der Maria-Lionza-Religion in Venezuela zur Verfügung standen, soziologischer oder ethnologischer Theoriebildung verpflichtet waren.

» Obwohl die Zahl der Anhänger dieser Religion groß ist, gibt es bisher kaum aussagekräftige Veröffentlichungen über sie, davon nur eine in deutscher Sprache, die eines Soziologen[3]. Die Literaturlage für Religionswissenschaftler ist also ziemlich dürftig, zumal eine Vielzahl der spanischen wissenschaftlichen Veröffentlichungen mehr oder weniger stark von der Sichtweise einer Autorin abhängen, die ihre Untersuchungen aus einer von ethnologischen Theorien geprägten Perspektive verfaßt hat[4].

Diese Situation bedeutete für mich zweierlei: Einerseits war ich schon aufgrund der vorliegenden einseitigen Interpretationen gezwungen, mir andere Zugangsmöglichkeiten zu dieser Religion zu suchen. Meine Vorbereitung wurde zusätzlich erschwert dadurch, daß in den besagten Veröffentlichungen sehr selten Gläubige zu Wort kommen. Wenn sie zitiert werden, dann meistens nur mit wenigen zusammenhängenden Sätzen. Wie weit die vorliegende Literatur die Intention der Gläubigen wirklich trifft, konnte ich in Deutschland also nicht einschätzen. Die Bücher beschreiben die Religion sehr von außen, aus der Distanz. Aufgabe meiner Arbeit war es aber, die Sichtweise der Gläubigen darzustellen und so weit wie möglich zu systematisieren, nicht äußerliche Beschreibungen zusammenzutragen. Deshalb wollte ich die Anhänger direkt zu Gehör bekommen. «

(R.M.)

Die persönliche Begegnung mit Gläubigen kann also allein schon wegen der dürftigen Literaturlage zur Notwendigkeit werden. Aus einer solchen Situation folgt für den Religionsforscher, daß er sich nicht einmal während der Vorbereitung auf das vorhandene Material stützen kann; er muß sich einen Zugang zu 'seiner' Religion selber suchen. Der Weg in das gewählte Thema geht dann von Anfang an durch religionswissenschaftliches Neuland.

Die Maria-Lionza-Religion war in Deutschland den meisten Religionswissenschaftlern höchstens dem Namen nach bekannt. Andere Neue Religionen erwecken sehr wohl Interesse, beispielsweise weil sie

3) Theo Eberhard, *Kult & Kultur. Volksreligiosität und kulturelle Identität am Beispiel des Maria Lionza Kultes in Venezuela,* München 1983.

4) Angelina Pollak-Eltz, *Mito y* culto venezolano, 2. erw. Aufl. Caracas 1985, und kleinere, in Deutschland nicht zugängliche Veröffentlichungen.

wie die Neo-Sannyas-Bewegung für die etablierte Religiosität eine Provokation darstellen. Dann ist Literatur reichlich vorhanden. Das sagt noch nichts über deren religionswissenschaftliche Brauchbarkeit, wie die Erfahrung von Joachim Süss zeigt:

» Im Rahmen meiner Magisterschrift begann ich, mich mit Neo-Sannyas, der 'Bhagwan-Bewegung', zu befassen. Danach wollte ich das Thema in einer Dissertation als ein Beispiel für alternative Spiritualität vertiefen.

Bei meinen Recherchen stieß ich zunächst auf eine Fülle von Veröffentlichungen aus dem Umkreis der sogenannten Jugendsekten-Debatte. Diese wird vornehmlich von den Weltanschauungsbeauftragten der Kirchen in enger Zusammenarbeit mit privaten 'Elternvereinen' geführt und verfolgt eindeutig apologetische Absichten. Indem die Kirchen ihren Heilsanspruch verteidigen, werden die Anhänger der neuen religiösen Bewegungen a priori als Gefährdete, als Opfer psychologischer und finanzieller Ausbeutung betrachtet, anstatt daß ihre spirituelle Daseinsgestaltung ernst genommen würde[5].

Die Initiatoren der 'Jugendsekten-Debatte' beabsichtigen keineswegs eine differenzierende, religionswissenschaftlich begründete Darstellung der religiösen Dimension von Neo-Sannyas, sondern die Herausstellung solcher Aspekte, die diese neue Bewegung als Religion diskreditieren sollen. Sie arbeiten deshalb mit aller Kraft an der Rückführung der 'Sektierer' in die Bezirke der etablierten christlichen Religiosität. Wie anspruchslos viele solcher Beiträge sind, zeigt sich daran, daß sie sich auf die stereotype Wiederholung immer gleicher Vorurteile beschränken. Die zentralen Argumente, die im Rahmen dieser Kampagne entstanden sind, beispielsweise die der psychischen Gefährdung junger Menschen durch die skrupellosen Gurus aus dem Osten, haben

5) Ein krasses Beispiel für diese typische Einstellung ist die These: "Transpersonaler Eskapismus, die Flucht vor Logik und Ratio zeigen, daß die Anhänger in einer außerchristlichen Religiosität verstrickt sind." Das meint Horst Reller in: Ders. (Hg.), *Handbuch Religiöse Gemeinschaften,* Gütersloh, 2. Aufl. 1979, 741. "Der ständige Kontakt zum Meister im Ashram", so heißt es dort weiter, "wird zum einzigen Lebensziel" - was unzutreffend ist -, und so seien gerade jüngere Menschen "in Gefahr, der Ausstrahlung des Gurus für immer zu erliegen" (ebd.).

als quasi axiomatische Aussagen Eingang in das allgemeine Bewußtsein gefunden und werden darüber hinaus sogar in wissenschaftlichen Arbeiten unreflektiert zitiert.

Möglicherweise war diese Kampagne auch der Grund dafür, daß sich andere Disziplinen für die Erforschung der Neo-Sannyas-Bewegung zuständig fühlten, nicht aber die Religionswissenschaft. Als ich nämlich mit meiner Arbeit begann, war nicht etwa eine religionswissenschaftliche Monographie über diese Gemeinschaft greifbar, sondern nur einige soziologisch und psychologisch motivierte Untersuchungen. Dies erweckte den Eindruck, man habe es nicht mit einer religiösen Bewegung, sondern mit einem - womöglich sogar noch pathologischen - Sonderfall zu tun. Zwar fragen auch diese Studien nach religionsgeschichtlichen Zusammenhängen, allerdings liegt deren Stellenwert oft mehr in einer erläuternden Funktion im Rahmen des jeweiligen Fachinteresses.

Mein Ziel dagegen war keine Beurteilung, sondern das Verstehen dieser Religiosität 'von innen', die Erforschung der Relevanz religiöser Vorstellungen und Handlungen für die Sannyasin; eine vorurteilsfreie Darstellung ihrer Realität mithin, in der sich nicht die Kritiker, sondern die 'Gläubigen', die Anhänger von Neo-Sannyas, wiederfinden könnten. Dies aber bedeutete für mich als Konsequenz: ich müßte Sannyasin selbst nach ihrer Religiosität befragen, wollte ich authentisches Quellenmaterial für meine Studie gewinnen. «

(J.S.)

(3) Gläubige als neue Quelle

In anderen Fällen kann sich der Forscher gut auf Literatur stützen, wenn diese ihm nämlich bereits Aufschluß gibt über Religiosität und fremden Glauben. Die Forschung wird dann anders verlaufen als in den vorgenannten Beispielen. Daß die persönliche Begegnung im Laufe der Arbeit gleichwohl unversehens das Hauptgewicht gewinnen kann, hat Stefan Schlang bei den Maori (sprich: Mauri) in Neuseeland erlebt:

» Als ich zu meinem Forschungsaufenthalt nach Neuseeland aufbrach, hatte ich mich bereits längere Zeit mit der Maori-Religion beschäftigt und eine Magisterarbeit über wichtige religiöse Bewegungen der Maori geschrieben, die als Reaktion auf Kolonisierung und Missionierung entstanden waren. Ich hatte daher die mir in Deutschland zugängliche Literatur über die traditionelle Religion der Maori und über jene religiösen Bewegungen studiert, darüber hinaus auch weniges über die Situation der Maori im 20. Jahrhundert gefunden. Hieraus hatte ich erfahren, daß sich die Maori seit einigen Jahren in immer stärker werdendem Maße darum bemühen, der eigenen Kultur wieder größeres Gewicht in der neuseeländischen Gesellschaft zu verschaffen. Andererseits wußte ich auch, daß die meisten Maori heute Mitglieder der verschiedenen christlichen Kirchen sind. Deshalb beschloß ich, der Frage nachzugehen, welchen Einfluß das gesteigerte Selbstbewußtsein der Maori auf ihr religiöses Leben hat, ob und in welcher Form sich so etwas wie ein eigenes Maori-Christentum entwickelt.

Erste Hinweise für eine solche Entwicklung fand ich in dem Aufsatz eines anglikanischen Maori-Geistlichen, in dem Ansätze zu einer Maori-Theologie herausgearbeitet werden[6]. Außer diesem vielversprechenden Ansatzpunkt fand ich in Deutschland nichts mehr zum Thema; also reiste ich nach Neuseeland, um dort nach weiteren Quellen zu suchen.

Ich war davon ausgegangen, mich vorwiegend auf schriftliche Quellen stützen zu können. Alle großen Kirchen in Neuseeland haben eine Maori-Sektion, also würde es in den kirchlichen Archiven und Bibliotheken sicherlich viel veröffentlichtes und unveröffentlichtes Material geben. Weitere Informationen hoffte ich in Universitäts- und anderen öffentlichen Bibliotheken, in staatlichen Archiven und beim Maori-Programm der Rundfunkgesellschaft zu finden. Abschließend wollte ich meine Studien durch Gespräche mit verschiedenen Maori, vor allem Theologen, vertiefen.

So hatte ich es geplant, aber es kam anders als erwartet. Ich begann zunächst mit meinen Archiv- und Bibliotheksstudien, stellte aber bald fest, daß es bisher nur wenig Schriftliches zu meinem Thema gab. Andererseits fand ich immer wieder Hinweise darauf, daß sich das neu erstarkende Selbstbewußtsein der Maori sehr wohl auch in religiöser Hinsicht bemerkbar macht. Ich suchte ganz offenbar an der falschen Stelle. Es war schon richtig und sinnvoll, alle erreichbaren schriftlichen

6) Maori Marsden, "God, Man and Universe: A Maori View" in: Michael King (Hg.), *Te Ao Hurihuri. The World Moves On. Aspects of Maoritanga,* Auckland 1981 (zuerst 1975).

Quellen auszuwerten, aber meine Gewichtung erwies sich als falsch: Ich hatte das Schwergewicht auf schriftliche Quellen legen wollen und Gespräche mit Maori als Ergänzung betrachtet. Nun stellte ich fest, daß die Gespräche und die Begegnung mit Maori für mich viel wichtiger sein würden, und zwar einerseits, weil mein Thema zu aktuell war, als daß es schon viel Schriftliches dazu geben konnte, und andererseits, weil die Maori nach wie vor ihr Wissen lieber mündlich weitergeben als es aufzuschreiben. «

(S.S.)

Zweierlei hat hier den Ausschlag gegeben, die fremden Gläubigen zur wichtigsten Quelle zu machen. Der eine Grund war: Wissenschaftliche Literatur braucht Zeit; sie kann deswegen keine Antworten auf Fragen nach aktuellen Entwicklungen geben. Der andere Grund aber liegt in der behandelten Religion selbst, und er wird zu einem Aspekt der Arbeit ganz unabhängig von der Aufgabenstellung: ein wesentlicher Teil der Maori-Religiosität wird mündlich weitergegeben. In den sogenannten Stammeskulturen, wo religiöse Lehre und Praxis nie schriftlich fixiert waren, ist das seit jeher die typische Weise der Überlieferung alten wie neu entstandenen Traditionsgutes.

Die Religionen der sogenannten Stammeskulturen sind einschneidenden Veränderungen ausgesetzt. Die Muslime haben den Islam weit nach Asien und Afrika, die Völker Europas das Christentum über den gesamten Erdball getragen, und dabei die meisten dieser Völker unterworfen und zu missionieren versucht. Die letzten 'Unberührten' erreicht heute der aggressive Einfluß westlicher Zivilisation. Technische Errungenschaften ebenso wie die 'westlichen' Werte haben das Leben all dieser Menschen unwiderruflich verändert.

Diese Tatsache ist allgemein bekannt, und die damit verbundene Leidensgeschichte der Unterworfenen nehmen wir in Europa heute mit der Geste des Schuldbeladenen zur Kenntnis - bedauernd, was 'Zivilisierung' und Christianisierung in den dort gewachsenen Religionen alles zerstört haben. Kaum zur Kenntnis genommen dagegen wird, was von den alten Traditionen lebendig geblieben ist oder in jenen Völkern neu belebt wird - und was nun seinerseits das Christentum dort verändert. Nicht nur das Christsein der Maori, auch das von Indianern und Afrikanern ist heute stark von ihren eigenen, vorchristlichen Religionen, die sie in Abgrenzung zum Christentum 'traditionell' nennen, geprägt.

Bei den Zulu (sprich: Sulu) im Süden Afrikas ist indessen der sozio-religiöse Umbruch so stark gewesen, bestimmt das Christentum in seinen vielen Kirchen und Gruppierungen so auffällig das religiöse Leben, daß man sich fragt, was von den ursprünglichen Traditionen noch übrig sein mag. Durch Berichte eines Missionars und Zuluforschers erhielt Gabriele Lademann-Priemer Hinweise, daß die traditionelle Zulu-Vorstellung von der Heilkraft noch heute lebendig sei, die von der Gottheit ausgeht, und die über die Ahnen in der Priesterin *(Isangoma)* oder durch den christlichen Heiler wirksam wird. Gibt es die entsprechende Praxis auch bei christlichen Zulu? Ist heutige Heilung, auch moderne Medizin, weiter eingebunden in die überlieferte religiöse Vorstellung? Untersuchungen hierüber existierten nicht, so daß Gabriele Lademann-Priemer Zulu lernte, sich in die traditionelle Zulu-Religion einlas und nach Südafrika reiste, denn »Antwort auf meine Fragen nach Kontinuität und Wandel, nach Heilungskraft und Heilserfahrung konnte nur von den Betroffenen selber gegeben werden« (G.L.).

Der Spannung von Kontinuität und Wandel ist auch die Arbeit von Dietmar Först gewidmet. Dieses Mal geht es um die Religiosität nordamerikanischer Indianer. Ihre Situation ähnelt der von Maori und Zulu in manchem. Auch hier ist religiös fast alles im Fluß und daher schwer faßbar. Wie die Maori bemühen sich auch die Indianer sehr darum, ihre eigenen, als 'Heidentum' abgewerteten Traditionen wieder aufzuwerten: die alten Sitten, Zeremonien und religiösen Werte erfahren eine Renaissance, sogar bei vielen, die sich bewußt als Christen verstehen. Anders als in den vorigen Beispielen schlägt sich Wichtiges aus der aktuellen religiösen Entwicklung hier aber bereits schriftlich nieder:

» Über einige indianische Gemeinschaften gibt es eine Fülle von Forschungen, vor allem von nordamerikanischen Wissenschaftlern. Auch wenn die wenigsten Publikationen dem Felde der Religionswissenschaft zuzurechnen sind, wird doch religiöse Wirklichkeit aus der Perspektive der Indianer faßbar, da sie in der Forschung ausgiebig zu

Wort kommen und sich selbst, innerhalb und außerhalb der Forschung, immer häufiger zu Wort melden. Gerade die günstige Literaturlage machte es mir möglich, eine Übersicht über den Wandel indianischer Religiosität zu gewinnen, den ich nun am Beispiel einzelner Stämme und Phänomene dokumentieren wollte.

Aus zwei Gründen wollte ich dennoch auf die persönliche Begegnung nicht verzichten. Eine Religion gleicht einem Organismus, dessen vitaler Pulsschlag die Religiosität der Gläubigen ist - und verglichen mit der uns vertrauten europäisch-christlichen ist die indianische Religiosität, wie einer der bekanntesten indianischen Autoren der Gegenwart es auf den Punkt bringt, Ausdruck einer "völlig anderen Wahrnehmung der Welt"[7]. Um sie angemessen zu verstehen, hielt ich es für entscheidend, Indianern persönlich zu begegnen und eine Erfahrung ihrer Religiosität ohne den Filter des geschriebenen Wortes zu machen - ein Stück ihrer heutigen Spiritualität zu erleben statt sie mir nur zu erlesen.

Ein zweites Motiv für die Begegnung war das Gewicht mündlicher Überlieferung in einer solchen Kultur. Was sie für die religiösen Dinge heute noch bedeuten mochte, konnte ich nur in Gesprächen und durch eigenen Augenschein erfassen.

Zumindest bei den Sioux (sprich: ßu), die ein Schwerpunkt meiner Arbeit werden sollten, wollte ich einige Zeit zubringen. Meine Hoffnung war, daß der eigene Eindruck von der fremden Glaubenswelt mir größere Sicherheit im Umgang mit den literarischen Zeugnissen geben würde, und daß die Begegnung mit Indianern manches lesend gewonnene Verständnis bestätigen, manches auch korrigieren könnte. Diese Hoffnung hat sich mehr als erfüllt, denn die Sioux gaben mir ein tieferes Verständnis ihrer Art zu leben und zu glauben als ich es - wie ich im nachhinein deutlich sehe - durch die Arbeit an den Bergen von Literatur je hätte gewinnen können. Ich las nach dieser Reise mit anderen Augen.

Doch der Ertrag war noch weit größer: in der Begegnung mit Indianern wurden mir Aspekte ihrer Religiosität bewußt, auf die ich in den Büchern kaum geachtet hatte, weil die Bücher sie kaum beachten; über manches, was mir begegnete, habe ich in der Literatur kein Wort gefunden.

---

7) Vine Deloria Jr., *The Metaphysics of Modern Existence,* New York, 1979, vii.

Und es zeigte sich, daß nicht nur ich so empfand: "Es ist gut, daß du hierhergekommen bist", bestätigten mir Sioux, wenn wir in engeren Kontakt kamen, immer wieder, "denn nur so kannst du wirklich verstehen, was für unsere Religion wichtig ist". «
(D.F.)

Daß vieles im Fluß ist, gilt freilich nicht nur für sogenannte Stammesreligionen oder für Neue Religionen. Wandel gibt es ebenso in großen und etablierten Religionen. Islam, Christentum und Buddhismus besitzen eine verbindliche, schriftlich fixierte Lehre, fest ausgeprägte Formen religiöser Praxis und eine durchstrukturierte Organisation. Dem Stadium einer sich noch ständig wandelnden Bewegung, in dem sich die Maria-Lionza-Religion oder die Sannyas-Bewegung als Neue Religionen befinden, sind sie längst entwachsen.

Neues entwickelt sich auch dort, wo die Ausübung dieser festgefügten Religionen unter den Einfluß einer anderen Kultur gerät. Renate Pitzer-Reyl, die für fünf Jahre in Istanbul lebte, beobachtete eine solche Entwicklung im türkischen Islam. Die Entwicklung ihrer Fragestellung und ihr Weg von der Literatur zur Begegnung ist gut nachzuvollziehen:

» Ausgelöst durch die Revolution unter Mustafa Kemal Atatürk, der in den zwanziger Jahren die Türkei zu einer Republik machte und Sultanat und Kalifat abschaffte, hat es hier im Bereich des Islam eine außerordentliche Entwicklung gegeben. Innerhalb von zwei Jahrzehnten führte Atatürk radikale Reformen durch, die die Religion besonders stark betrafen. Entscheidendes Faktum war die Einführung des Laizismus, das heißt der Trennung von Staat und Religion. Die klassischen islamischen Institutionen wurden entmachtet, die Religion unter die Kontrolle des Staates gestellt und ihre Ausübung auf den Privatbereich verwiesen.

Zwei Faktoren mußten meines Erachtens langfristig eine Änderung im religiösen Denken und Verhalten der türkischen Muslime bewirkt haben: Erstens die Tatsache, daß Religion als 'Privatsache' betrachtet wird, was eine unerhörte Neuerung gegenüber den islamischen Traditionen darstellt (mit Ausnahme der islamischen Mystik). Zweitens die unaufhaltsame Modernisierung und Verwestlichung, die man besonders in der westlichen Türkei beobachten kann, vor allem natürlich in ihrem wirtschaftlichen Zentrum Istanbul mit seiner jahrhundertealten kosmopolitischen Tradition.

Zunächst suchte ich in Veröffentlichungen der staatlichen Religionsbehörden, in Religionsbüchern, Zeitschriften, Fernsehsendungen. Dort sind Bemühungen zu sehen, einen modernen, aufgeklärten Islam zu lehren, doch was mir nicht ausreichend erschien, war eine ernsthafte Auseinandersetzung mit den Lebensbedingungen der Gegenwart: Das soziale Leben der Türkei wandelt sich rasch, ausgelöst durch Faktoren wie Industrialisierung, wirtschaftliche Öffnung zum Westen, wachsender Tourismus. Andererseits werden die Gläubigen von religiösen Autoritäten nach wie vor dazu angehalten, die traditionellen Vorschriften uneingeschränkt einzuhalten. Viele Muslime geraten damit heute in Schwierigkeiten, zum Beispiel können sie die täglichen fünf Pflichtgebete nicht in Einklang mit ihrem Arbeitsrhythmus bringen.

In Istanbul begegnete ich vielen modernen Türken mit westlicher Bildung, die sich gleichwohl als Muslime verstehen. Wie gestalten sie ihr religiöses Leben? Ich fragte sie, wie sie die Weltsicht des Islam mit westlicher Weltanschauung in Verbindung bringen können. Führt der Anstoß westlichen Gedankenguts zu Neuinterpretationen von Koran und sunnitischer Tradition?

Im Laufe meiner Untersuchung mußte sich zeigen, ob sich aus den Aussagen der einzelnen Gläubigen eine allgemeine Tendenz ableiten läßt, ob sich neue Strömungen zeitgenössischen Islams ausmachen und darstellen lassen. «

(R.P.)

Eine quasi spiegelverkehrte Situation der Veränderung ergibt sich dann, wenn eine alte, traditionsreiche Religion wie die buddhistische aus ihrem Kulturkreis in einen fremden, wie den europäisch-christlichen, hineinwirkt. In diesem Falle verändern sich diejenigen hier bei uns, die sich vom Buddhismus angesprochen fühlen. Das Wesen des Buddhismus, so sagen seine Anhänger, bleibt dagegen gleich, wiewohl diese Religion aus einer uns fremden, aber für viele faszinierenden Kultur kommt und gänzlich anderes über das Wesen des Menschen und der Welt sagt, als was wir kennen. Was diese Religion über die Welt und den Menschen, über Unheil und Heil lehrt, lag schon immer für alle offen, denn grundsätzlich alle Menschen sollen diesen Weg gehen können.

Der Buddhismus ist eine missionierende Religion. Daß der 'Weg des Buddha' in Europa lange Jahrhunderte nur bruchstückhaft bekannt war, lag an den historischen Umständen und der kulturellen Verschiedenheit, die weit größer ist als etwa die zwischen Christen und Muslimen.

» Wie und warum werden Deutsche Buddhisten? Mit dieser Frage setzte ich mich in Berlin auseinander, wo der Arzt Paul Dahlke 1924 das 'Buddhistische Haus' begründete, bis heute das Zentrum einer lebendigen buddhistischen Gemeinde und wichtiger Treffpunkt des buddhistischen Lebens in Deutschland. Meine Literatursuche, die mich in Bibliotheken, Archive und private Sammlungen in Berlin führte, Diskussionen im Buddhistischen Haus, Briefwechsel, Biographien von deutschen Buddhisten aus dem Berlin der zwanziger Jahre und deren Erklärungen der buddhistischen Lehre befriedigten meine historische Neugier. Es fand sich allerdings wenig über das gegenwärtige buddhistische Leben in Berlin, so daß ich mich entschloß, Anschluß an die buddhistische Gemeinschaft in Frohnau zu suchen. «

(A.S.)

(4) Wenn Gläubige unser Konzept bestimmen

Wie nähere ich mich einer Religion? Oft hilft die Literatur, Kontakte vorzubereiten, die Möglichkeiten einzuschätzen und uns wichtiges Wissen im voraus an die Hand zu geben. Reiner Mahlke hat sich bei seiner Arbeit über die Maria-Lionza-Religion ohne diese Hilfe zurechtfinden müssen und sich von Anfang an von den Gegebenheiten in Venezuela leiten lassen. Sein Bericht zeigt sehr anschaulich, was er für seinen Forschungsaufenthalt bedenken mußte:

» Um die Chancen für meine Dissertation zu erkunden, reiste ich vor Beginn der wissenschaftlichen Arbeit einen Monat nach Venezuela. Ich wollte herausfinden, welche Bedeutung diese Religion in den Augen der Venezolaner hat und wie ertragreich eine religionswissenschaftliche Untersuchung sein könnte. Wenn sich die Anhänger nicht aufgeschlossen und kommunikationsbereit zeigen würden, wäre mein Projekt sicherlich nur noch sehr schwierig durchzuführen gewesen.

In Venezuela fuhr ich zu einem der großen Kultorte, um mir einen ersten Eindruck zu verschaffen. Eine Gruppe von Anhängern lud mich ein mitzumachen. Schon bei diesem ersten Besuch erlebte ich die Marialionzistas als sehr offen und mitteilungsfreudig. Dieses Erlebnis und die Gespräche mit Akademikern in Venezuela bekräftigten mich in meinem Vorhaben: Eine umfassende Untersuchung der Maria-Lionza-Religion ist möglich und ertragreich. Neue Ergebnisse erbringt sie aber nur dann, wenn ich direkt zu den Gläubigen gehe und von ihnen Informationen erhalte.

Die Struktur der Anhängerschaft dieser Religion ist nicht hierarchisch, sondern es gibt viele untereinander gleichrangige Gruppen. Diese Gruppen sind voneinander unabhängig in der Durchführung der Rituale und Gebete, wobei es eine gemeinsame Grundlage gibt. Von dieser Gemeinsamkeit ausgehend können sich die Gruppen aber unterschiedlich entfalten, und die Gruppenleiter bringen zum Teil ihre eigenen Ideen in das Gruppengeschehen mit ein.

Aus dem, was ich so über die Struktur dieser Religion erfahren hatte, ergaben sich für mich zwei Fragen, die ich vor meinem eigentlichen Forschungsaufenthalt beantworten mußte: Wieviele Gruppen muß ich zweckmäßigerweise besuchen? Wie erfasse ich einen repräsentativen Querschnitt der Anhänger? Und zweitens: Welche Anhänger sind die typischen? Die Gruppenleiter und erfahrenen Mitglieder in den Gruppen? Die Medien, die in Trance fallen können und so den überirdischen Kontakt ermöglichen? Die große Masse der Teilnehmer an den einzelnen zeremoniellen Sitzungen? Und was ist mit den Geistern, die sich in einem Gläubigen manifestieren? Geschieht das, dann fangen die Medien an zu tanzen, wobei sie oft wilde Gebärden machen. Haben die Geister so ihre Stärke demonstriert, werden sie bald ruhiger und reden mit den Gläubigen über deren Probleme. Das geht von alltäglichen Sorgen armer Leute über Hilfe bei Liebeskummer bis hin zur Heilung von Krankheiten.

Meine Überlegungen gingen dahin, daß ich mir die Gruppen wahrscheinlich nicht aussuchen könnte, sondern nach dem Grundsatz vorgehen müßte: "Nehmen, was kommt".

Bei näherer Betrachtung erschien es mir durchaus sinnvoll, meine Kontakte auf eine Gruppe zu konzentrieren, um so innerhalb einiger Zeit zumindest in dieser Gruppe tieferen Zugang zu bekommen. Mit der Zeit, so hoffte ich, würden sich aus dem 'Innen' dieser einen Gruppe heraus Kontakte durch Weitervermittlung ergeben, so daß ich von einer Gruppe zur anderen 'weitergereicht' werden könnte. Sollte dies nicht eintreten und bliebe ich nur bei der einen Gruppe, so wäre das dennoch keine wesentliche Einschränkung meiner Feldforschung: auch dort würde ich der ganzen religiösen Wirklichkeit der Maria-Lionza-Religion begegnen können.

Welche Gläubigen sollte ich bevorzugt ansprechen? Die Gruppenleiter, also die Spezialisten, die andere anleiten? Oder auch die Angeleiteten? Die Antwort hatte ich mir schon in ähnlich pragmatischer Weise gegeben: mit allen zu sprechen, die zu Gesprächen bereit wären. Sollte sich dabei zeigen, daß nur die einen oder die anderen zu Auskünften bereit wären, müßte dies eben in der späteren Darstellung Berücksichtigung finden. Jeder Anhänger einer Religion hat die gleiche Authentizität, er wird in einem Gespräch über seinen Glauben und seine Religion, egal welche religiöse 'Ausbildung' er erfahren hat, seine eigene Sicht des Glaubens vertreten, die wie die aller anderen einen Teil des Gesamtspektrums dieser Religion ausmacht. «

(R.M.)

Religionsforscher werden ihren Aufenthalt in jedem Fall auf die Eigenheiten der fremden Religiosität hin planen. Wie oben angedeutet, ist das Literaturstudium dabei oft eine große Hilfe: Wenn eine Frau im Bereich des Islam forscht, wird sie bei der Kontaktsuche entsprechende Schwierigkeiten einkalkulieren, wird sie die Möglichkeiten der Begegnung entsprechend realistisch einzuschätzen versuchen. Wer ein Thema aus dem Bereich der sogenannten Stammesreligionen wählt, wird schon bei der Vorbereitung eines Aufenthaltes sein Augenmerk und seine Planung nicht nur auf 'Religiöses' in unserem europäisch-aufgeklärten Sinne, sondern ebenso auf die Bereiche von Heilung und Medizin, auf politisches und soziales Leben richten, denn all das hat in jenen Kulturen eine 'religiöse' Dimension.

Reiner Mahlke war in der Lage eines Entdeckers: es gab keine Landkarten, auf denen andere Autoren eingetragen hatten, was ihnen wichtig erschien. Er ließ sich von Anfang an von dem leiten, was den Gläubigen wichtig ist. Aber erst mit zunehmender Erfahrung wurde es ihm möglich, die Informationen einzuschätzen und ein klares Bild von der unbekannten Religion zu gewinnen.

Die Notwendigkeit, sich auf die Anhänger einer Religion in direktem Kontakt einzulassen, ergibt sich nicht nur dann, wenn wie bei der Maria-Lionza-Religion die Literaturdecke nicht trägt. Die Vorbereitung führte jeden von uns zu der Erkenntnis: Wesentlich ist, daß die Gläubigen ihre Religiosität zum Ausdruck bringen. Wesentlich für unsere Forschung ist, daß wir verstehen, was ihre Religiosität den Gläubigen bedeutet. Beides können wir bei lebenden Religionen nur angemessen erfassen, wenn wir zu lebenden Gläubigen gehen. Bei vergangener Religiosität müssen wir nach anderen Quellen suchen und sind auf das angewiesen, was von ihrem Ausdruck übrig geblieben ist. Das Studium von Sekundärliteratur kann nicht ausreichen, um gelebte Religiosität zu erfassen[8].

Wie wir gesehen haben, führten die Literatur und die eigene Fragestellung uns alle, wenn auch auf unterschiedlichen Wegen, zur persönlichen Begegnung mit Gläubigen. Wenn wir in dieser Begegnung für unsere Forschung etwas lernen wollen, müssen wir uns dabei von ihnen führen lassen - was freilich bedeuten kann, daß sie unser mitgebrachtes Konzept umwerfen.

Hier muß der Forscher zum Lernenden werden; er ist die Autorität in seiner Wissenschaft, die Gläubigen aber sind die Autorität für ihren Glauben.

Die meisten Gläubigen werden, das haben wir erfahren, höflich zu uns sein. Einige werden uns ein Stück weit in ihr religiöses Leben hineinnehmen. Das bedeutet auch, daß sie, und zwar aus der Sicht ihrer Kultur und Religion, Bestimmtes von *uns* erwarten. Auf manche Erwartung werden wir durch die Literatur vorbereitet sein, andere werden uns unvorbereitet treffen.

Das, was wir aus der Literatur erfahren können, sollten wir uns unbedingt zu Herzen nehmen: wer einen buddhistischen Tempel betritt, ohne seine Schuhe auszuziehen, wer in einer indianischen Zeremonie nicht dem Vorbild der anderen Teilnehmer folgt, wer in einem jüdisch-

8) Vergessen wir nie: Wir erhalten die meisten unserer Kenntnisse durch Berichte, und durch Berichte über Berichte, sowie Berichte über Berichte von Berichten. Außerdem übernehmen wir Schlußfolgerungen aus Berichten, Schlußfolgerungen, die aus anderen Schlußfolgerungen gezogen werden. Das führt zu so absurden

orthodoxen Wohnviertel am Schabbat spazierengeht, ohne Arme und Beine bedeckt zu haben, der verletzt fromme Gefühle. Unsere, wenn auch unbedachte, Unhöflichkeit wird Irritationen, vielleicht gar Aggressionen hervorrufen. Damit hätten wir uns bei diesen Menschen dann selber die Tür zugeschlagen.

Die Erwartungen der anderen können freilich noch wesentlich weiter gehen. Als Antje Schumacher Kontakte zum Buddhistischen Haus in Berlin knüpfte, sah sie sich plötzlich mit einem Anspruch konfrontiert. Die Buddhisten dort erklärten ihr, daß nur ihr persönliches Interesse an der buddhistischen Lehre und Praxis, nicht ihr wissenschaftliches Interesse, ein zuverlässiger Führer für die Arbeit und die Begegnung sein könne, und forderten sie auf, in diesem Sinne an ihrem religiösen Leben teilzunehmen:

» Meine Ansprechpartner wiesen mich höflich darauf hin, daß ich - bevor ich darüber schreiben könnte - teilnehmen solle an den Meditationen, um ein rechtes Verstehen der buddhistischen Lehre zu entwikkeln, um die Gemeinschaft mit anderen zu teilen, die dann vielleicht bereit wären, sich mit mir über mein Projekt zu unterhalten. « (A.S.)

Antje Schumacher hat sich, noch bevor an die ersten tieferen Gespräche zu denken war, auf diese Forderung eingelassen:

» Nachdem ich mehrmals versucht hatte, deutsche Buddhisten im Tempel zu interviewen, verstand ich schließlich das Anliegen der Mönche: Um den Buddhismus ernst zu nehmen, zu verstehen und darüber zu schreiben, sei es notwendig, den buddhistischen Weg mitzugehen, ehrlich darüber nachzudenken und zu entscheiden, ob Lehre und Praxis dieses Weges für mich selbst bedeutsam sind oder nicht.

Urteilen über gelebte Religiosität wie der Beschreibung des Buddhismus als 'Pessimismus', 'Welthaß', 'Selbstbespiegelung' durch Uwe Weller, *Gott hat viele Namen*, München, 1983, 318. Und kein geringerer als Albert Schweitzer schloß, das Ideal indischer Religiosität sei "die totale Interesselosigkeit und Tatenlosigkeit", so daß zuletzt "kalte, überlegene Ruhe" ihm als die Haltung jener fremden Gläubigen der Welt gegenüber erschien (*Das Christentum und die Weltreligionen*, München, 1924, 32).

Die Teilnahme an den Meditationen und die ständige Übung darin als erster und wichtiger Zugang des westlichen Menschen zur Lehre des Buddhismus sollte in einem zweiten Schritt durch ein rechtes Verstehen der Lehre im Gespräch ergänzt werden, so daß ich durch richtiges Fragen auch die Antworten richtig verstehen lerne, die ich für meine Arbeit brauchen würde.

Mir wurde klar, daß meine Forschung als Konsequenz daraus zunehmend mehrgleisig erfolgen mußte, wenn ich den Menschen gerecht werden wollte, um die es geht. Ausgangspunkt ist das vielschichtige buddhistische Leben in Berlin, publizierte Untersuchungen werden ergänzt durch Gespräche mit Mitarbeitern der 'Buddhistischen Gesellschaft in Deutschland', die mir bei der Vorbereitung der Kontakte hilfreich waren, während ich mich darum bemühe, den buddhistischen Weg der Achtsamkeit zu erlernen und zu gehen. Die eigenen Erfahrungen in der Meditation und Diskussionen über die Lehre helfen mit, Erfahrungen anderer zu verstehen, schaffen mir eine Vertrauensbasis, die mich nicht mehr allein auf distanziertem Beobachtungsposten stehen läßt. Der Tempel des Buddhistischen Hauses in Frohnau als Oase der Ruhe und Harmonie, als Treffpunkt zur Meditation und Lehrdiskussion spielt dabei als Bezugs- und Ausgangspunkt eine wichtige Rolle. Denn die Hektik des Berliner Großstadtlebens läßt mir, da ich berufstätig bin, nur am Wochenende Zeit und Ruhe zu religionsgeschichtlicher Forschung, ein Alltag, dessen Erfahrung ich mit den hier lebenden deutschen Buddhisten teile. «

(A.S.)

Die persönliche Sphäre und das Forschungsanliegen verbinden sich hier in der Aufforderung an die Forscherin, sich auf das religiöse Leben und den Ansatz der untersuchten Religion einzulassen. Nur durch die Aufgabe ihrer Distanz und die Nähe zu den Gläubigen kann sie hoffen, Wesentliches 'ihrer' Religion zu begreifen und Antworten auf die Fragen ihres Forschungsvorhabens zu erhalten, die die fremde Religiosität nicht verzerren.

Spätestens hier dürfte etwas deutlich werden: Jede Begegnung ist eine Zweibahnstraße: wir begegnen keiner 'Religion' im Sinne einer Sache, eines Gegenstandes, wir begegnen Menschen. Und sie, wenn sie auf uns als Forscher treffen, ebenso. Wir haben Ansichten, Vorlieben und Abneigungen, genau wie sie. Wir haben möglicherweise schon eine Vorstellung vom Ablauf unserer Forschung, aber es geht im Zweifel nicht um das, was *uns* am angenehmsten wäre, weder 'wissenschaftlich' noch 'persönlich', sondern um das, was für die Religiosität der anderen bedeutsam ist. Wir haben Erwartungen an sie, wollen etwas über ihren Glauben und ihre Frömmigkeit lernen, und müssen damit rechnen, daß auch sie Erwartungen an jene haben, die mit Erwartungen zu ihnen kommen.

Wir sollten uns frühzeitig darüber klar werden, ob wir uns auf ihre Sicht der Dinge einlassen wollen. Denn das bedeutet, daß wir als Religionswissenschaftler uns belehren lassen sowohl von religiösen Spezialisten als auch von religiösen Laien, von gelehrten Mönchen wie von nackten Analphabeten.

Wir brauchen ein Maß an Sympathie für 'unsere' Religion. Wer begegnet schon gerne Menschen, deren Denken und Handeln ihm von vornherein unsympathisch sind, und denen er sich dann auch noch öffnen, sich auf sie einlassen und von ihnen etwas lernen soll?

Ankommen: Sich einlassen auf eine fremde Kultur

(Dietmar Först / Joachim Süss)

Wie Menschen leben, das wird bedingt durch materielle und geistige Ursachen. Am Meer leben sie anders als in den Bergen, in karger Landschaft anders als in fruchtbarer, in Dörfern anders als in einer Großstadt. Solche materiellen Lebensbedingungen sind sichtbar, auch für Fremde.

Im Gegensatz dazu bleiben die nichtmateriellen Bedingungen unsichtbar. Sie fassen wir unter dem Wort 'Kultur' zusammen. 'Kultur' offenbart sich als ein schier unüberschaubarer Komplex von Regeln, Sitten, Bräuchen, Wertungen, Vorlieben, Befürchtungen, Einstellungen, Glaubenssätzen, Höflichkeitsformen, Beleidigungen, Erklärungen, Symbolen und so fort, wie Menschen sie von Kind auf lernen und imitieren.

Ob eine Religion sich dem Forscher erschließt, liegt nicht allein an der Bereitschaft der Gläubigen, sich zu öffnen. Auch unsere Bereitwilligkeit, uns zu öffnen, spielt eine entscheidende Rolle. Fremde Gläubige mögen bereit sein, über ihre religiösen Erfahrungen zu sprechen und uns an ihren Handlungen teilnehmen zu lassen. Das vorige Kapitel schloß mit einem Beispiel dafür, daß sie uns gar hierzu auffordern. Unsere Offenheit aber muß, wie wir erlebt haben, weit früher beginnen als bei der Bereitschaft zur Teilnahme an der fremden religiösen Praxis. Wir sollten bereit sein, uns auf den *Alltag* der fremden Kultur einzulassen, denn überall ist Religiosität eingebettet in den Alltag der gesamten Kultur.

Sich einzulassen auf eine fremde Kultur, das klingt für den einen reizvoll, für den anderen mag es mit Gefühlen der Unsicherheit verbunden sein, zumal wenn er es bisher noch nie versucht hat. Wir haben beides erlebt: den Reiz und die Schwierigkeiten, sich auf das Fremde einzustellen. Solche Schwierigkeiten ergeben sich naturgemäß, wo wir auf Menschen treffen, deren Sprache und deren Alltagserfahrung nicht unsere sind, und mit deren Verhaltensweisen und Werten wir uns erst vertraut machen müssen.

Die im folgenden geschilderten Erlebnisse sind einmalig, denn sie hängen ab von der Persönlichkeit der Berichtenden, von ihren Untersuchungen und den jeweiligen Umständen vor Ort. Wir haben daher keine allgemein gültigen 'Verhaltensregeln' aus unseren Erfahrungen destilliert. Die Situation der 'Feldforschung' ist jedes Mal anders. Allerdings dürfte, wenn jemand dieselbe Kultur besucht, für einen Mitteleuropäer manches Vergleichbare wiederkehren.

Stets gleich bleibt, wo auch immer jemand forscht, die Konstellation: daß wir von außen in eine uns fremde Kultur kommen, daß wir uns Ungewohntem gegenübersehen. Wie Forscher sich dann zurechtfinden müssen, davon vermitteln diese Erlebnisberichte ein Bild. Sie illustrieren beispielhaft die Erfahrung, sich eingewöhnen zu müssen in die Lebensart, das Zeitverständnis, die Weltsicht anderer Menschen. Dabei führen sie uns in ganz verschiedene Regionen der Erde: nach Nord- und Südamerika, in die Türkei, nach Neuseeland, und nach Köln. Die Beiträge sind so aussagekräftig, daß sie ohne längeren Kommentar für sich sprechen.

(A) Reiner Mahlke beschreibt in seinem Beitrag, welchen Schwierigkeiten er sich als Forscher gegenübersah, als er unvermittelt mit der andersartigen Mentalität der Venezolaner konfrontiert wurde. Sie mit unserer mitteleuropäischen Mentalität verstehen zu wollen, führte ihn nur ein paar Schritte weit: dann mußte er sich tatsächlich auf die für ihn ganz neue Art einlassen, mit der die Menschen in Venezuela den Alltag sehen und nehmen. Der manchmal mühevolle Lernprozeß half ihm schließlich sehr, auch die religiösen Vorstellungen, um die es ihm ging, besser zu verstehen:

Der venezolanischste aller Tage

» Venezuela ist ein vordergründig stark südeuropäisch geprägtes Land. Viele Einwanderer kamen aus Spanien, Italien und Portugal. Sie drückten dem Land ihren Stempel auf, zumal sie häufig in wirtschaftlichen und gesellschaftlichen Schlüsselstellungen zu finden sind. Bei meiner Ankunft kam mir deshalb das Land recht vertraut - europäisch - vor.

Ich bildete mir ein, die Venezolaner aufgrund dieser Verwandtschaft recht gut verstehen und einschätzen zu können. Aber nach einiger Zeit und den ersten Erlebnissen mit ihnen wurde ich zusehends unsicherer in meiner Einschätzung. Ich ging wohl zu sehr von meiner eigenen intellektuellen Herangehensweise an Probleme aus und übertrug diese auf die Venezolaner. Beispielsweise ist das Zeitverständnis in Venezuela von dem unsrigen sehr verschieden. Hier ist nicht nur das sprichwörtliche '*mañana*' - 'vielleicht morgen' - zu nennen. Das spanische '*ahora*' - 'gleich' - wurde für 'in einigen Stunden' verwendet, '*ahorita*' - 'gleich, sofort' - für 'in der nächsten Stunde', und nur '*ya*' - 'jetzt' - für 'sofort'.

Das Umgehen mit Zeit und vor allem die davon abhängige Planung ist eben ganz und gar nicht norddeutsch. Das bedeutet aber auch nicht, daß ein verabredeter Termin jedesmal eine Stunde zu spät wahrgenommen wird, genausogut kann er rechtzeitig, nach zwei bis drei Stunden oder überhaupt nicht eingehalten werden.

Das Verständnis von Zeit ist in Venezuela nicht so geradlinig, wie ich es im Kopf habe. Die Zeit läuft nicht immer gleichmäßig weiter, sondern wird je nach Stimmung als zusammengezogen oder gedehnt empfunden. Mir wurde zum Beispiel häufiger geantwortet, wenn ich nach dem Weg zu einem bestimmten Ort fragte: 'fünf Minuten', oder eine ähnliche Zeitangabe (keine Strecke). Tatsächlich konnte der Weg dann aber eine halbe Stunde dauern. Dies lag nicht daran, daß mich der Antwortende täuschen wollte, sondern entsprach seinem Empfinden. So etwas erlebte ich immer wieder.

Bezeichnenderweise ist die Zeitrelation gerade umgekehrt, wenn es um einen beschwerlichen Weg geht. In den Hügeln über Quiballo liegt die Grotte Maria Lionzas mit einem sehr schönen Naturaltar, den ich mir gerne ansehen wollte. Alle Gläubigen, die ich fragte, sagten, der Weg dauere mindestens eine Stunde oder sogar zwei. Obwohl wir dann beim Aufstieg nicht einmal besonders schnell gegangen sind, brauchten wir keine fünfundzwanzig Minuten. Der beschwerliche Weg wurde eben als mühsam und zeitraubend empfunden.

In Venezuela wird das Leben im ganzen nicht so geradlinig geplant wie in Mitteleuropa. Unvorhergesehene Geschehnisse sind nichts Ungewöhnliches. Das muß kein technisches Versagen sein, sondern ist ein irgendwie geartetes Schicksal, eine Macht oder ein Mitmensch, die in das Alltagsgeschehen einbrechen können.

Die Mächte, die in vielfacher Weise jederzeit in das Leben eingreifen können, lassen sich aber nicht packen und planerisch bewältigen. Deshalb sind in Venezuela auch die Bitten und Geschenke an übernatürliche Kräfte so häufig: etwa Gaben an den Hl. Sebastian für ..., die Bitte an den Geist X um ..., eine Pilgerfahrt zum Kultort Y wegen ... Die angerufenen Kräfte sollen verhindern, daß das Schicksal negativ auf den einzelnen einwirkt.

In dieser Weise wurde auch eine Lebensmittelvergiftung interpretiert, die ich mir einmal zugezogen hatte. Ich hatte tags zuvor mit einer Gruppe Marialionzistas in einem Restaurant gefeiert und dabei ein Fischgericht gegessen. Am nächsten Tag bekam ich furchtbare Magenkrämpfe mit Durchfall und mußte mich erbrechen. Als ich nach zwei Tagen, inzwischen wieder gesund, einige aus der Gruppe traf und ihnen davon erzählte, sagten sie: "Das lag nicht am Fisch, es war bestimmt keine Lebensmittelvergiftung. Unreine Kräfte waren in deinem Körper. Sie sind erst bei der Reinigungszeremonie, die du mitgemacht hast, vertrieben worden. Deshalb hattest du auch diese Magenschmerzen".

Weil das Leben von unterschiedlichen Mächten bestimmt ist, leben viele Venezolaner in einer Art 'Schwebezustand', der die Möglichkeit unerwarteter Ereignisse von vornherein einbezieht und akzeptiert.

Aus dieser Haltung heraus planen die Venzolaner auch viel weniger als wir, was natürlich zu viel mehr Überraschungen im Laufe des Tages führt. Ich hatte mit dieser Haltung gerade am Anfang meines Aufenthaltes große Schwierigkeiten. Mit venezolanischen Freunden zusammen wollte ich eine mehrtägige Reise in den Westen des Landes per Auto unternehmen. Wir hatten einen ganzen Tag Zeit, den Anlasser reparieren zu lassen, Proviant zu besorgen und in der Stadt, in der wir die Tage verbringen wollten, einen Freund anzurufen, um die Quartierfrage zu klären. Dieser Tag ist in meiner Erinnerung als der 'venezolanischste' aller Tage hängengeblieben: Von den gesteckten Zielen hatten wir nicht eines erreicht, obwohl wir mindestens zwölf Stunden zusammen unterwegs waren. Der Anlasser sollte vor Feierabend repariert sein, aber es klappte nicht mehr. Der Freund wurde nicht angerufen, der Anruf immer wieder hinausgeschoben trotz meines Drängens, bis es schließlich hieß: er wird schon da sein. Den Proviant würden wir unterwegs am nächsten Tag kaufen. Diesen ganzen Tag besuchten wir Freunde, hielten immer wieder an, um etwas Interessantes zu beobachten und verbrachten auf angenehme Weise den ganzen Tag. Außer für mich bestand für keinen von uns ein Mißverhältnis zwischen dem morgens Vorgenommenen und dem Verlauf des Tages. Es hatte sich eben so ergeben.

Diese Beispiele schildere ich nicht, um die venezolanische Lebensart abzuwerten. Ich hatte mit ihr nur, besonders in den ersten Wochen, große Schwierigkeiten. So auch mit der Verbindlichkeit venezolanischer Aussagen. Die Äußerung "Ich komme morgen einmal vorbei" ist nicht wörtlich zu verstehen, sondern eher als: "Ich finde dich ganz nett"; und "Wir müssen unbedingt wieder zusammen etwas machen" meint ungefähr: "Wenn wir uns einmal wiedertreffen, werde ich mich freuen".

Das ist aber nicht Unverbindlichkeit, sondern eine andere Art Verbindlichkeit, in der vielleicht die Geste mehr ausdrückt als die Worte. Alles, was unmittelbar geschieht, ist intensiv, die Zukunft aber unsicher und nicht greifbar.

Meine Konfrontation mit dieser anderen Lebenseinstellung führte zunächst über Monate dazu, daß ich die Venezolaner immer weniger verstand. Von Monat zu Monat fühlte ich, weniger von ihrer 'Grundhaltung' nachvollziehen zu können. Die Wende trat eigentlich erst durch das intensive Kennenlernen mehrerer venezolanischer Freunde ein. Der ständige Umgang mit ihnen gab mir allmählich ein Gefühl für die venezolanische Einschätzung von Situationen. Am zweckmäßigsten erschien mir die Haltung 'Abwarten mit offenen Augen'. Nach etwa vier bis fünf Monaten war der Wendepunkt erreicht, ohne daß ich behaupten will, die Venezolaner jetzt 'richtig' verstehen zu können.

Dieser Prozeß bezog sich auf die ganze Gesellschaft, hat aber auch mein Offensein für die Anhänger der Maria-Lionza-Religion beeinflußt. Hier liegt sicherlich einer der Gründe dafür, daß sich die wesentlichen Dinge erst am Ende meines Aufenthaltes ergaben. Die Mitglieder der Gruppen, an die ich Anschluß gefunden hatte, waren jetzt viel offener zu mir, weil sie mich als einen der ihren empfanden. Außerdem verstand ich mehr von dem, was zwischen den Zeilen gesagt wurde. Ich war ganz allgemein viel weniger angespannt, weil ich mehr Dinge aufnahm, ohne mich sehr darauf zu konzentrieren. Ich nahm jetzt an vielen Kulthandlungen teil und erlebte die Religion, während ich vorher fast ausschließlich beobachtet und geredet hatte. «

(R.M.)

(B) Eine fremde Kultur kann faszinieren, aber auch verunsichern, manchmal beides zur selben Zeit. Wie stark die Verunsicherung sein kann, dafür legt der Beitrag von Renate Pitzer-Reyl Zeugnis ab, die zu Beginn ihres Aufenthaltes in der Türkei den Verlust vertrauter Orientierungsmuster besonders eindringlich erlebte. Das Gefühl von Fremdheit in dieser islamisch geprägten Gesellschaft, auch verursacht durch ihre anfangs noch geringen Kenntnisse der türkischen Sprache, reichte bis in die einfachsten Dinge:

Am Anfang: der Schock

» Wir gingen, nachdem mein Mann als Lehrer an die Deutsche Schule Istanbul vermittelt worden war, in die Türkei mit dem Ziel, dort für fünf Jahre zu bleiben, und wir nahmen unser gesamtes Eigentum mit. Die Übersiedlung war also 'total' und für mein Empfinden für eine 'kleine Ewigkeit'. Wir hatten uns aus den Bindungen des Heimatlandes gelöst.

In den ersten Wochen unseres Aufenthaltes registrierte ich mit Bestürzung die Fremdheit meiner neuen Umgebung. Das Essen war ungewohnt, selbst die Butter hatte einen anderen Geschmack. Ich mußte lernen, was man wo einkauft, daß man viel mehr Zeit dafür brauchte; dazu kam die Angst, übers Ohr gehauen zu werden. Außerdem mußten alle Verhandlungen auf Türkisch geführt werden, das ich anfangs noch sehr stockend sprach. Mir fehlten die Vokabeln, ich konnte nicht immer ausdrücken, was ich sagen wollte, das machte mich unsicher. Der Straßenverkehr wirkte chaotisch und bedrohlich, erst nach Monaten verstand ich die ungeschriebenen Regeln.

Der Muezzin der Moschee erinnerte uns jeden Tag fünfmal aufs neue daran, daß wir uns in einem islamischen Land befanden. In einem für unsere Ohren fremden 'Singsang', ohrenbetäubend verstärkt, ließ er uns nicht vergessen, daß wir uns außerhalb des christlichen Kulturraums aufhielten.

Ich kann die Erlebnisse dieser ersten Zeit folgendermaßen zusammenfassen: Die Umgebung, der Alltag, der gesamte 'Unterbau' des Lebens war auf einmal anders und fremdartig, die vertrauten Orientierungen waren verlorengegangen.

Zum Glück lösten sich diese Schwierigkeiten mit der Zeit auf. Allein durch Gewöhnung, tägliches Wieder-Erleben, wurde das Fremde allmählich vertraut.

Ein wichtiger Schlüssel, um die Distanz zu überwinden, war das Erlernen der Sprache. Je mehr Türkisch ich verstand, um so besser konnte ich auf meine Umwelt reagieren, um so mehr Sicherheit gewann ich. Ich lernte zum Beispiel die Regeln und Höflichkeitsformeln, mit denen man einen Kauf einleitet und abschließt. Die Sprache bot mir die Möglichkeit, durch gewählte und höfliche Formulierungen eine Kommunikationsebene herzustellen, die den anderen verpflichtete und mich gleichzeitig schützte (auch vor 'Anmache'!).

Nach drei Jahren Aufenthalt fühlte ich mich in Istanbul heimisch und konnte mich sicher in dieser Stadt bewegen. Faszinierend war, daß sie nicht aufhörte, neue, überraschende Erfahrungen zu bieten. « (R.P.)

(C) Wie leben Indianer in den USA und Kanada, nach aller freiwilligen oder erzwungenen Angleichung an das weiße Nordamerika? Dietmar Först hat gelernt, wie sich hinter der äußerlichen Vertrautheit verwestlichter, ärmlicher Lebensumstände die eigene Welt einer indianischen Reservation verbirgt. Diese Entdeckung hatte erhebliche Konsequenzen für seine Forschung.

Die Dinge mit indianischen Augen sehen

» Die Eigenart einer fremden Kultur zeigt sich nicht immer auf den ersten Blick. Wer sich nach Nordamerika aufmacht, um indianische Religiosität zu studieren, begibt sich zunächst in eine gar nicht so 'fremde' Welt. Er landet mit dem Flugzeug irgendwo im weißen Amerika, dessen Lebensweise - bei allem Neuartigen für den, der das erste Mal dort ist - keine grundlegende Umstellung verlangt; nach einigen Tagen wird man sich für gewöhnlich gut zurechtfinden.

Als ich im Bundesstaat Süd-Dakota, auf dem Weg zu den Lakota (wie sich die westlichen Sioux nennen), das erste Mal die Grenze einer indianischen Reservation passierte und ins 'rote' Amerika wechselte, drängte sich keineswegs der Eindruck auf, hier beginne eine andere

Welt: keine Zelte und Pferde auf der freien Prärie, sondern ärmliche Häuser auf umzäuntem, kargem Weideland, als Fortbewegungsmittel dienen selbstverständlich Autos, man hört überall Englisch, und der Supermarkt, die Tankstelle und das Post Office gleichen denen außerhalb der Reservation. Ich will nicht verhehlen, daß diese äußerliche Angleichung heutigen Reservationslebens an die weiße Lebensweise es mir erleichtert hat, mich zurechtzufinden. Denn als Weißer ist man doch spürbar ein Fremder auf einer indianischen Reservation, deren Bewohner durch generationenlange deprimierende Erfahrungen mit unseresgleichen vorsichtig geworden sind.

Die indianische Welt eröffnete sich mir nur langsam - es war kein Sprung ins kalte Wasser. Eher glich es dem Einhören in eine fremde Melodie. Ein gutes Beispiel dafür ist der indianische Umgang mit der Zeit.

Es gibt wissenschaftliche Abhandlungen, ganze Bücher sogar, über das Besondere indianischen Zeitverständnisses. Als ich nach Nordamerika kam, fiel mir auf, daß Weiße, die mit Indianern zu tun haben, gelegentlich von 'Indian Time' sprechen. Unschwer zu erraten, was das bedeuten soll: daß die es mit der Zeit eben nicht so genau nehmen. "Vorsicht also bei Verabredungen!" ist ein Rat, den man ab und an mit auf den Weg bekommt.

Nun, Indianer nehmen es schon genau mit der Zeit - wenn auch nicht mit der Uhrzeit. Das zu erspüren und sich darauf einzulassen, ist sicherlich erheblich für den Verlauf eines Forschungsaufenthaltes. Ich lernte meine Lektion bald nach der Ankunft auf der besagten Reservation. Dort fand, im Hauptort Pine Ridge, gerade ein Powwow statt, jenes mehrtägige traditionelle Tanzfest, das, einschließlich Rodeo, Sportveranstaltungen und einer großen Parade heute auf vielen Reservationen das herausragende soziale Ereignis des Jahres darstellt.

Nachdem sie einen ganzen Nachmittag hindurch die Musik zu den Tänzen gesungen und getrommelt hatten, waren die Drums, wie die traditionellen Musikgruppen der Prärievölker genannt werden, eben dabei, aus dem Rund des Tanzplatzes hinaus und zum Essen zu gehen. Es war eine Pause angesetzt, bevor den ganzen Abend weitergetanzt werden sollte. Den Zeitplan, der auch im Programm ausgedruckt stand, hatte ich nur leider vergessen, und unsicher, ob die Pause einen Ausflug zum Rodeoplatz erlauben würde, ging ich auf eine Gruppe von Sängern zu, die eben noch um ihre Trommel saßen: "Excuse me, - when will the drums begin to play again?"

Eine unpassendere Frage hätte ich den Fünfen, die nach Stunden bei fast 40° im Schatten gerade aufstehen und etwas essen wollten, kaum stellen können. Sie sehen mich verständnislos an. Fragender Blick. Reden ein paar Worte in Lakota miteinander. Sehen zu mir zurück, belustigt, und einer antwortet höflich, aber bestimmt: 'Whenever ...' (wobei er denken mag: typisch Weißer!).

Sein pointiertes 'whenever', durch meine eigene Frage provoziert, gab mir so etwas wie einen Schlüssel zu 'Indian Time'. Mir wurde in diesem Moment etwas klar: Während der Tänze ist die Musik wichtig. Jetzt ist Pause, jetzt ist das Essen wichtig. Danach, wenn die neue Runde der Tänze beginnt, werden sie wieder Musik machen, natürlich. Wann das sein würde, gut, das stand in Zahlen als Uhrzeit auf dem Programm. Aber in Wirklichkkeit war es 'whenever' - und das hieß: Wenn die Leute etwas gegessen haben und wir alle soweit sind, daß es weitergehen kann. Eben: wenn's Zeit ist ...

Kleine Ereignisse der vergangenen Tage fügten sich jetzt zu einem stimmigen Bild, und im weiteren Verlauf der Reise bekam ich ein Gespür dafür, daß es sich bei 'Indian Time' gewissermaßen um die Einteilung in 'jetzt wichtig' und 'weniger wichtig' handelt, in 'jetzt ist die passende Gelegenheit' und 'jetzt ist nicht die passende Gelegenheit'. Nicht gegen unsere gewohnte Orientierung an der Uhrzeit, sondern jenseits von ihr.

Nachdem ich dies einmal verstanden hatte, konnte ich mit einigem, was mir in der Folge widerfuhr, wesentlich besser umgehen. So habe ich bei Verabredungen gelernt, daß nicht die Uhrzeit, sondern die Einladung zählt. Gut möglich, daß der andere nicht 'pünktlich' ist - oder er ist gar nicht da. (Vor solchen Enttäuschungen durch vermeintlich unzuverlässige Indianer wird man ja gewarnt vorher). Und dann? Schade, heimfahren. Man kann auch anders damit umgehen: bleiben, abwarten, sehen. Er ist da oder dort hingefahren? Vielleicht einfach einmal selbst dorthin fahren?! Auf diese Weise sind Treffen, die für mich sehr wichtig wurden, doch noch, und manches Mal überhaupt erst zustande gekommen.

Man kann hieraus kein Rezept formulieren. Aber ein Gefühl dafür, wie man sich verhält in solchen Situationen, kann allmählich wachsen.

Und das indianische Zeitgefühl einschätzen zu lernen hieß am Ende auch, mich in ihre Religion besser finden zu können - vom Zeitempfinden in den mythischen Erzählungen bis hin zu Verabredungen für eine Zeremonie.

Denn auch religiöse Dinge geschehen zur passenden Zeit: wenn bestimmte Umstände in der richtigen Weise zusammentreffen. Wer sich auf seinen Terminkalender verläßt, kann eine Zeremonie leicht verpassen - selbst wenn sie vorher auf dieses oder jenes Datum festgelegt worden sein sollte. Die, für die es wichtig ist, werden es rechtzeitig mitbekommen, wann sie stattfindet. In einer relativ kleinen Gemeinschaft, wie es die indianischen bis auf den heutigen Tag sind, funktioniert das gut.

Und um über religiöse Dinge zu sprechen, bedarf es ebenfalls der passenden Gelegenheit. Hier hatte ich viel zu lernen: sie scheint nicht kommen zu wollen für den neugierig Fragenden. Aber sie kam oftmals völlig überraschend, wenn ich mich nur aufs Zuhören, aufs Warten, aufs respektvolle Teilnehmen verstand. « (D.F.)

(D) Keine radikale Umstellung seines europäischen Lebensstiles, aber eine radikale Erweiterung abendländischer Denkkategorien erforderte die Forschung in Neuseeland von Stefan Schlang. Im Gegensatz zu uns trennen die Maori nicht 'Religiöses' von 'Politischem', 'Ökologischem', 'Juristischem' und so fort. Diese Erfahrung kennzeichnet seine Begegnung mit einer Kultur, deren Religionsverständnis viel umfassender als das uns gewohnte ist:

Religion ist überall

» Neuseeland ist ein von den Briten geprägtes Land, daher fiel es mir nicht schwer, mich dort zurechtzufinden. Solange ich noch in Bibliotheken und Archiven nach Quellen für meine Arbeit suchte, unterschied sich mein Alltag kaum von dem meiner Studentenzeit in Deutschland. Oberflächlich betrachtet änderte sich daran auch nichts, als ich die ersten Kontakte zu Maori knüpfte. Die neuseeländische Kultur erforderte von mir keine radikale Umstellung des Lebensstils.

Was ich allerdings ändern mußte, waren meine Denkkategorien: Von der europäischen Kultur war ich es gewöhnt, daß Religiöses von Politischem, von Wirtschaftlichem und von anderen Lebensbereichen getrennt ist. Theoretisch war mir klar, daß viele Völker eine solche Trennung nicht vollziehen und daß sie auch der Maori-Kultur ursprünglich fremd war. Dennoch schien ich dem europäischen Denken so verhaftet zu sein, daß ich überrascht war, als ich mit Maori-Theologen über religiöse Fragen sprechen wollte und sie mir Antworten gaben, die ich eher dem politischen Bereich zugeordnet hätte. Es dauerte eine Weile, bis ich begriffen hatte, daß ich das eine nicht vom anderen trennen durfte. Die Religiosität der Maori konnte ich nur verstehen, wenn ich sie als wesentlichen Bestandteil ihres gesamten Weltbildes erkannte. Für die Maori sind Themen wie Umweltschutz, die Frage des Landbesitzes, die Förderung ihrer eigenen Sprache und die Maori-Repräsentation im neuseeländischen Parlament untrennbar mit spirituellen Vorstellungen verbunden.

Letztlich war es der europäische Begriff von 'Religion', den ich aufgeben mußte, um die religiöse Dimension der Maori-Welt verstehen zu können. «

(S.S.)

(E) Vor anderer Lebensart, anderem Zeitverständnis, anderem Umgang miteinander und der Welt stehen Religionsforscher nicht unbedingt erst, wenn sie Landesgrenzen hinter sich gebracht haben und einen fremden Erdteil betreten. Unser fünftes Beispiel zeigt, wie schon am Ende des vorigen Kapitels das des Buddhistischen Hauses in Berlin, wie wir fremder Alltags-Kultur in Verbindung mit fremder Religiosität auch mitten im eigenen Land begegnen können: hier im 'spirituellen Zentrum' der Sannyas-Bewegung in Köln.

Forschung im Chaos?

» Sich auf eine fremde Kultur einzulassen, muß nicht bedeuten, in ein anderes Land zu reisen und Gläubige zu befragen, deren Sprache, Sitten und Gebräuche fremd sind. Auch zuhause, in der gewohnten Umgebung, muß sich der Religionsforscher bisweilen auf Menschen und Situationen einstellen, die Verunsicherungen und Irritaionen hervorrufen, weil sie so gar nicht zu dem passen wollen, was er aufgrund seiner Erfahrung oder Erwartung vermutet hätte. Ein Beispiel dafür ist die Sannyas-Religion.

Als ich mich entschloß, einen Teil meiner Untersuchung im Kölner Osho-Institut durchzuführen, hatte ich vor allem die zentrale Bedeutung dieses Ashrams für die europäische Sannyas-Szene im Blick. Neben vielen bekannten Therapeuten und Sannyasin, die Osho teilweise noch aus der Anfangszeit der Bewegung kennen, bieten Archive und Redaktion der internen *Osho Times* die Gelegenheit zu umfassenden Informationen aus erster Hand.

Ich stellte mir vor, dort reibungslos und schnell mit meiner Arbeit voranzukommen. Außerdem wußte ich vom großen Interesse der Sannyasin an wissenschaftlichen und unvoreingenommenen Studien über ihre Religion. Frühere Kontakte zum Kölner Institut würden mir helfen, eventuelle Einstiegsschwierigkeiten zu bewältigen. Alles schien geregelt, größere Probleme zeichneten sich für mich im Vorfeld nicht ab.

Ich rief also in Köln an und vereinbarte mit dem Leiter des Instituts, Swami* R., einen Gesprächstermin, um ihm mein Projekt vorzustellen und herauszufinden, ob ich meine Arbeit in Köln durchführen könnte oder nicht. Einige Tage später setzte ich mich in meinen Wagen und fuhr hin. Zugegeben: ich hatte leichtes Herzklopfen, wie immer, wenn ich mit Sannyasin zusammentreffe. Man weiß eben nie, was einen erwartet. Sannyasin sind in ihrem Verhalten nämlich wenig festgelegt, je nachdem, wie sie sich fühlen: mal offen und herzlich, dann wieder hart und konfrontativ. Emotionale Tabus gibt es nicht. Aber mit meinen Plänen im Kopf und den bisherigen Erfahrungen schien alles problemlos und kalkulierbar zu sein.

Dann kam alles doch anders: Als ich im Institut ankam, war von meinem Gesprächspartner nicht die geringste Spur zu sehen! Hatte ich mich im Termin geirrt? Laut Eintragung in meinem Kalender war das nicht der Fall: Was sollte ich also tun? Ich beschloß zu warten. Aber auf wen? Ich hatte Swami R. nie zuvor gesehen und würde ihn deswegen

---

*) Die religiöse Anredeform *Swami* bedeutet 'geistlicher Herr', Frauen werden *Ma* genannt, das bedeutet 'ehrwürdige Mutter'.

auch nicht so ohne weiteres erkennen. Also erkundigte ich mich nach ihm und erfuhr von der Ma am Empfangstresen, daß er eigentlich 'around' sei - also irgendwo im Institut anwesend -, und ich sollte mir ein bißchen 'space' geben, wenn mir das Treffen mit ihm so wichtig sei. Das tat ich auch: vier Stunden lang und völlig umsonst. Zwei Wochen später traf ich ihn schließlich doch: obwohl wir uns verabredet hatten, ganz zufällig auf der Straße.

Viele meiner Interviews sind in den folgenden Monaten auf ganz ähnliche Weise zustande gekommen: Verabredungen wurden nicht eingehalten oder kamen spontan von einer Minute auf die andere zustande, selten jedoch dann, wenn sie vereinbart waren. Ich habe gelernt: Ohne ein gewisses Maß an Spontaneität und Hartnäckigkeit kann ich meine Ziele in Köln nicht erreichen. Daß Sannyasin mit Terminen und Absprachen so unverbindlich umgehen, liegt sicherlich auch daran, daß viele aufgrund ihrer beruflichen Tätigkeit - meine Gesprächspartner gehen zum Teil Gelegenheitsarbeiten nach - zeitlich sehr flexibel sein müssen. Dahinter verbirgt sich aber auch noch eine religiöse Dimension: eine ihrer wesentlichen spirituellen Normen ist Spontaneität. Osho hat in seinen Diskursen in Poona immer wieder darauf hingewiesen, daß nur durch spontanes, unplanmäßiges Handeln alles, was das persönliche spirituelle Wachstum einengt, überwunden werden kann. Deshalb haben Sannyasin durch Meditation und therapeutische Praxis ein eigenes Verständnis von Wichtigkeit und Priorität entwickelt, das sich von dem geläufigen Verständnis und auch von meinen eigenen Erwartungen unterscheidet. Als Konsequenz habe ich auf Verabredungen und Termine weitgehend verzichtet und hielt mich statt dessen so oft wie möglich im Institut auf, um meine Interviews gleich an Ort und Stelle zu machen.

Die Erfahrung, die ich hier beschrieben habe, mag banal klingen. Hier allerdings hat sie meinen Forschungsprozeß so sehr beeinflußt, daß ich meine Arbeitstechnik diesem Phänomen anpassen mußte. Als ich das begriffen hatte, war die erste Hürde für meine Interviews genommen.

Es war allerdings nicht die letzte. Swami R. hatte mir vorgeschlagen, zum Meeting zu kommen, das ist die Versammlung aller, die im Institut Verantwortung tragen. Ich sollte dort mein Projekt vorstellen und mir 'grünes Licht' für meine Untersuchung holen. Wieder verlief alles anders als erwartet: daß alle miteinander Englisch redeten, hatte ich angesichts der vielen ausländischen Sannyasin in Köln schon erwartet. Daß ich dennoch so wenig verstanden habe, lag nicht an mangelnden Sprachkenntnissen meinerseits, sondern an den vielen Ausdrücken, die für sich genommen einen spezifischen Sannyas-Jargon bilden. Um sie zu verstehen, mußte ich mir die wichtigsten hinterher übersetzen lassen: Während Swami X in einer 'Session' (Therapiesitzung) wieder mal 'ausgespaced' ist (schwer zu übersetzen; eine Art Bewußtseinserweiterung über den Körper hinaus), ist Ma Y zur Zeit unheimlich 'juicy' drauf (voller Energie). Im abendlichen Darshan, der Meister-Schüler-Begegnung, war das 'Buddhafield' (Energiefeld, das die Sannyasin untereinander verbindet) wieder 'total intensiv', weil viele 'nice' Leute 'around' waren. Und diejenigen, die nicht da waren, nahmen ihre Beziehung zu ihrem Meister Osho vielleicht etwas 'shaky' (auf die leichte Schulter). Anyway, ich hätte ebensogut eine Fachdiskussion unter Atomphysikern verfolgen können und wahrscheinlich genausoviel verstanden.

Die Atmosphäre wirkte sehr unkonventionell, und das Verhalten der Sannyasin erinnerte mich an einen Kindergarten: alle lachten oft und schienen sich ständig übereinander lustig zu machen. Manchmal mündete das Gelächter auch in spontanes Singen. Irgendwann war ich dann an der Reihe: ein Swami fragte mich, wer ich denn sei, er habe mich hier noch nie gesehen. Ich stellte mich als Theologe und Religionswissenschaftler aus Marburg vor, der Material für seine Doktorarbeit sammelt. Plötzliches Gelächter. Einer ruft: "Die Pfaffen, das sind ja sowieso die schlimmsten!" Ich fühle mich verwirrt, unsicher, und kann mich förmlich selbst dabei beobachten, wie mir Schamesröte ins Gesicht steigt. Um meine Unsicherheit zu überwinden, rede ich weiter und erwähne, daß das Ziel meiner Arbeit nicht darin besteht, ihre Religion abzuwerten. Trotzdem blieb das ziemlich unbehagliche Gefühl, daß sich alle über mich lustig machen. Von den Sannyasin als Wissenschaftler ernst genommen zu werden, ist manchmal sehr schwer. Ich erinnere mich an eine Ma, die mitten in eine Interview-Situation hineinplatzte und mich fragte, was ich denn da täte. Als ich es ihr erklärte, lautete ihre Antwort lakonisch: "Ah, mindfucking!"

Zum Schluß des Meetings hatte ich dennoch zwei Interview-Partner gewonnen: Swami T. sollte ich in der Sauna interviewen, denn da bekomme er immer die besten Ideen. Swami P. stellte sich mir mit den folgenden Worten als geeigneter Gesprächspartner vor: "Mein mind rattert immer so vor sich hin, daß ich dir gerne etwas davon abgeben kann".

Die geschilderten Eigentümlichkeiten haben mich am Anfang erheblich irritiert. Es hat einige Zeit gedauert, bis ich begriffen habe, daß sie nichts anderes sind als Ausdruck einer wenn auch ungewöhnlichen Religiosität. «

(J.S.)

Die Beiträge dieses Kapitels lehren uns, daß Sensibilität für das Neue, für das Andere, gerade auch in alltäglichen Situationen, eine offene Haltung hervorbringt, die uns mit der Zeit von selbst zu einem tiefergehenden Verstehen der Gesprächspartner führt. Wie lange das dauert, hängt vom Grad der Verschiedenheit zwischen den Kulturen ab - und von den Menschen: wir selbst und auch die anderen können den Weg zu gegenseitigem Verstehen schwieriger oder leichter, länger oder kürzer machen. Sich einzulassen auf eine fremde Kultur kann von uns fordern, tiefsitzende Gewohnheiten bewußt außer acht zu lassen. Sind wir dazu bereit? Und die anderen, nehmen sie uns hinein in ihren Alltag oder lassen sie uns auflaufen, aus Mißtrauen vielleicht oder weil wir ihren Sitten zuwiderhandeln?

Die Beispiele aus Venezuela und der Türkei lassen erkennen, daß es Monate, manchmal Jahre dauern kann, ehe wir Mitteleuropäer ein einigermaßen verläßliches Gefühl für die fremde Mentalität entwickelt haben. Ob es wirklich verläßlich ist, müssen wir selber spüren. Uns einzugestehen, daß wir diese und jene Bereiche *nicht* verstehen, daß uns das eine und andere, im Alltag wie in der Religion weiterhin fremd bleibt, kann von großer Wichtigkeit sein: unsere Ehrlichkeit schützt uns vor überzogenen Erwartungen, und sie schützt unsere Arbeit vor vorschnellen Schlüssen.

Es fällt nicht immer leicht, sich auf die Regeln einer anderen Kultur einzustellen. Tun wir es nicht, werden wir wenig erreichen. Versuchen wir es, öffnen sich uns manchmal unvermutet Türen.

Dortsein: Den Gläubigen näher kommen

(Petra Siegmann)

Was war bislang in diesem Buch zu lesen?

Das erste Kapitel bot unsere Überlegungen zu der Frage an: Wie kann ich mich zu Hause auf die Begegnung mit fremden Gläubigen vorbereiten?

Sodann sind wir in der Vorstellung gemeinsam in fremde Länder, die Heimat fremder Gläubiger, gereist. Wir betrachteten die andere Umgebung: finden wir uns darin zurecht? Welche Rolle spielt ihre Welt bei unserem Vorhaben? Davon handelte Kapitel 2.

Welche Fragen versucht nun dieses Kapitel zu beantworten? Zuerst wollen wir davon erzählen, wie wir die ersten Kontakte zu Gläubigen geknüpft haben. Mittlerin zwischen den Gläubigen und uns ist die Sprache. Über sie haben wir uns im darauffolgenden Abschnitt Gedanken gemacht. Das führt uns mitten hinein in das Gespräch. Was haben wir in Gesprächen mit Gläubigen exemplarisch erfahren? Wodurch wurden wir angeregt, Neues aufzunehmen und zu testen?

(1) Erste Schritte

In diesem Abschnitt sind Erfahrungsberichte zusammengestellt, die von unserem Weg zu den Gläubigen hin erzählen. Wie ist es uns gelungen, Gläubige kennenzulernen? Wir konnten nie sicher sein, Gesprächspartner zu finden. War dann der erste Kontakt geschaffen, mußten wir unser Vorhaben erklären - ein wichtiger Moment im Verlauf der Bekanntschaft:

Wird es uns weiter gelingen, sie für unser Vorhaben zu gewinnen? Gelingt es, ein Gespräch auf persönlicher Ebene beim ersten Kennenlernen vorzubereiten? Wird unser Gesprächspartner mehr als höfliche Unverbindlichkeiten für uns übrig haben?

Über Religiöses reden heißt immer, Persönliches zu offenbaren. Es kommt darauf an, diese Ebene zu erreichen. Das kann nur gelingen, wenn zuerst wir 'echt', das heißt persönlich aufrichtig sind. Nur dann können wir auf verbindliche Auskünfte hoffen.

» Gleich am Anfang meines Aufenthaltes wurde ich eingeladen, an einer christlichen Erweckungsversammlung teilzunehmen, die mitten in der Nacht stattfand. Mir fiel eine Teilnehmerin besonders auf durch den Ausdruck ihres Gesichts, das Zittern ihrer Hände und dadurch, wie intensiv sie beim 'Zeugnisablegen' sprach. Später erkundigte ich mich nach ihr und erfuhr, daß sie eine frühere Medizinfrau war. Sie hatte die Geschichte ihres Kampfes erzählt, den sie durchlebt hatte, als sie sich zwischen ihrer Tradition und dem Christentum hin- und hergerissen fühlte. Meine Dolmetscherin machte mich mit ihr bekannt. Bereitwillig erzählte mir die Frau ihre Geschichte noch einmal, so daß ich sie mit Recorder aufnehmen konnte.

Ein andermal fiel mir eine alte Frau auf, die jeden freundlich anlachte. Durch ihre Fröhlichkeit, die auch Pfiffigkeit zu enthalten schien, und die Wachheit ihres Gesichts machte sie mich neugierig. Später hatte ich lange Gespräche mit ihr, in denen sie mir ihre Lebensgeschichte und ihren Glaubenswandel erzählte. «

(G.L.)

Manchmal ergeben sich wichtige Bekanntschaften fast von selbst: Jemand fällt uns auf, und wir kommen leicht in Kontakt mit ihm. Doch so ist es nicht immer:

» Plötzlich stand ich vor einer Situation, auf die mich mein Studium in Deutschland nicht vorbereitet hatte: ich mußte mit den Maori über ihre Religiosität sprechen. Das stellte mich vor viele Probleme, angefangen damit, daß ich Kontakt finden mußte. Wie sollte das geschehen? Mit wem sollte ich sprechen? Wie müßten diese Gespräche geführt werden, als formelles Interview, womöglich mit Fragebogen, oder als Gespräch?

Ich dachte mir, manche würden mich ansprechen, weil ich ein Fremder war. Aber in Neuseeland ist die Situation komplizierter. Denn die meisten Maori leben in Städten, wo ich äußerlich von den weißen Neuseeländern nicht zu unterscheiden war. Selbst wenn man mir den Ausländer ansehen würde, könnte man mich immer noch für einen Touristen halten, wie sie jedes Jahr in großer Zahl nach Neuseeland kommen. Also mußte ich die Initiative ergreifen und Maori ansprechen, wenn ich mit ihnen reden wollte.

Auf seiten der Maori lag die Schwierigkeit darin, daß sie mit Weißen höchst ungern über sich und ihre Kultur sprechen. Die Gründe liegen zum einen in Spannungen zwischen Maori und weißen Neuseeländern, die aus der kolonialen Geschichte des Landes resultieren. Zum anderen fürchten die Maori, von Anthropologen und anderen Wissenschaftlern, die über sie schreiben, mißverstanden zu werden.

In dieser Situation hat es mir sehr geholfen, daß ich von Maori bei anderen Maori eingeführt wurde. Das hat meistens Erfolg gebracht, und häufig empfahlen mich die Gesprächspartner ihrerseits an andere weiter.

Wo immer möglich, telefonierte ich zuerst. Waren die Angerufenen zu einem Gespräch bereit, dann verabredeten wir uns. Meist trafen wir uns bei ihnen zu Hause oder an ihrer Arbeitsstelle. Manchmal wurde ich auch eingeladen, über Nacht oder sogar einige Tage zu bleiben.«

(S.S.)

Auf Verbindlichkeit können wir eher hoffen, wenn wir mit einer Empfehlung ausgestattet zu unserem Gesprächspartner kommen. Weil wir von einem Bekannten empfohlen wurden, wird sich unser Gastgeber verpflichtet fühlen.

Anders als im ersten Bericht hätten wir in diesem Fall unseren Gesprächspartner nicht selber ausgesucht, er ist uns von anderen empfohlen worden, weil er ihnen geeignet erschien. Das kann eine sehr genaue und treffende Auswahl sein, denn demjenigen, der uns weitervermittelt, waren unser Vorhaben und wir selbst bereits bekannt.

Falls unser Thema uns eine bestimmte Personengruppe als Gesprächspartner vorschreibt, werden solche Vermittlungen besonders aussichtsreich sein: Eine Nonne kann uns leicht Kontakt zu weiteren Nonnen vermitteln, ein Priester zu anderen Priestern.

Gabriele Lademann-Priemer hat in Südafrika ein Forschungsthema bearbeitet, bei dem es um die Konzeption von Heilung und Heil ging. Dieses Thema führte sie zu den Patienten eines Krankenhauses. Für die Forscherin ein Glücksfall: Auf begrenztem Raum viele Menschen, die mit dem Problem ihrer Krankheit und Heilung ohnehin beschäftigt sind.

Der politischen Situation in Südafrika war es zuzuschreiben, daß ihr die Patienten zunächst sehr mißtrauisch begegneten. Auch andernorts können wir auf Erschwernisse treffen, die nicht immer politisch bedingt sein müssen. Es gibt viele Gründe, die bei Gläubigen gegenüber allen, die Fragen stellen, Mißtrauen auslösen.

» Im Krankenhaus war meine Rolle schwer zu erklären: Ohne zum Personal zu gehören, fragte ich die Patienten nach ihren Lebensumständen und nach ihrer Krankheit. Das machte sie ängstlich. Einerseits fürchteten sie, ich würde für die Polizei, das Finanzamt oder ihren Arbeitgeber spionieren. Andererseits fürchteten die Patienten wie alle Zulu in Südafrika, daß Weiße sie wie in einem Zoo beobachten und für wissenschaftliche Zwecke ausnutzen könnten.

Neben Ängsten erweckte ich aber auch Hoffnungen: Vielleicht würde sich durch mich im Krankenhausbetrieb und in der medizinischen Versorgung langfristig etwas verändern lassen. Vielleicht würden dann die seelischen und sozialen Probleme der Patienten ernster genommen als bisher.

Ich mußte also unbedingt mein Vorhaben erklären und gegen Mißverständnisse verteidigen. Das war anfangs gar nicht so einfach, und ich fühlte mich den Gesprächspartnern gegenüber befangen. Mit der Zeit machte ich dann aber die Erfahrung, daß es sie erleichterte, wenn sie mit mir über ihre privaten Probleme reden konnten. Vertändnisvolles Zuhören ebnete also den Weg, mit den Patienten über mein Forschungsthema unbefangen und offen zu sprechen. «

(G.L.)

» Während ich an der University of South Dakota Material für meine Arbeit sammelte, erfuhr ich, daß zur gleichen Zeit ein regionaler Leiter der indianischen Native American Church im selben Universitätsinstitut zu tun hatte wie ich. In der Hoffnung, diese Gelegenheit zu einem Gespräch nutzen zu können, stellte ich mich kurzerhand vor und eröffnete ihm mein Interesse an seiner Religion, über die ich gerne mehr erfahren wollte. Mein vermeintlicher Gesprächspartner zeigte sich sehr reserviert. Warum ich denn über seine Kirche etwas wissen wolle? Was ich vorhätte, wollte er erfahren, und warum ich überhaupt über indianische Religiosität schriebe?

Diese Reaktion war recht schroff. Ich bemühte mich, sie zu verstehen. Die Lage von Gläubigen der Native American Church ist extrem schwierig. Einerseits hat diese indianische Kirche mehr Anhänger als jede andere christliche Gemeinschaft unter den Indianern. Andererseits wird ihr häufig gerade der christliche Charakter abgesprochen: Stein des

Anstoßes ist vor allem ihr zentrales Sakrament, der Peyote-Kaktus, den die Gläubigen anstelle der Kommunion zu sich nehmen. Da Peyote ein Halluzinogen enthält, geriet der Kaktus in den Ruf einer gefährlichen, körperlich abhängig machenden Substanz. Daß medizinische Untersuchungen diese Behauptung inzwischen entkräften, hilft den Gläubigen wenig. Mitglieder der Native American Church, von den 'weißen' Kirchen jahrzehntelang angefeindet und noch heute selten für voll genommen, sehen sich nach wie vor behördlicher Verfolgung wegen 'Drogenbesitzes' und 'Drogenkonsums' ausgesetzt.

Ich beteuerte dem Chairman der Native American Church, daß ich gerade dieses Bild mithelfen wolle zu korrigieren; eben, um ein authentischeres Bild zu gewinnen, wolle ich gerne mit ihm über den Glauben seiner Kirche sprechen. Statt einer Einwilligung folgte seine nächste Frage: was und woran denn ich glaube, und was Gott mir bedeute?

Wir befanden uns, ehe ich mich versah, in einer sehr persönlichen Unterhaltung, in der nun freilich er die Fragen stellte. Ich war überrascht, versuchte aber ehrlich zu antworten. Erst nach einer Weile mündete diese Unterhaltung plötzlich doch in ein intensives Gespräch über seine Religion, in dessen Verlauf der Chairman schließlich auch offen von seinem Mißtrauen sprach, als Indianer und 'Peyotist' von Weißen um irgendwelcher Schlagzeilen willen ausgenutzt zu werden.

Ich hatte nicht damit gerechnet, bei dieser Forschung Rede und Antwort über meinen ganz persönlichen Glauben stehen zu müssen, daher meine Überraschung. Nun aber schien es mir nichts weniger als natürlich, daß auch meine religiöse Haltung und Überzeugung für einen Gesprächspartner zu einem Gespräch über seine religiöse Welt gehörten.

Für diesen Indianer war es verständlicherweise wichtig, über meine Motive insgesamt Bescheid zu wissen, denn er habe, wie er mir hernach erklärte, sicher gehen wollen, wer da etwas über seinen Glauben erfahren wollte, und warum.« (D.F.)

»Einige Male passierte es mir, daß ich Wichtiges über die Maori-Religion erfuhr, wenn ich gar nicht damit gerechnet hatte. Ein solches Erlebnis hatte ich mit einem anglikanischen Geistlichen, einem Maori. Wenige Tage, nachdem ich ihn kennengelernt und ein Gespräch mit ihm geführt hatte, besuchte ich den Sonntagsgottesdienst, den er zusammen mit den Maori-Mitgliedern seiner Gemeinde feierte. Nach dem Gottesdienst lud er mich zum Lunch zu sich nach Hause ein, ein Angebot, das ich gerne annahm.

Wir unterhielten uns über dieses und jenes, manches hatte unmittelbar etwas mit meinen Studien über die Maori-Religion zu tun, anderes weniger. Irgendwann stand er auf, holte ein Blatt Papier und einen Stift und setzte sich wieder zu mir. Ohne daß ich ihm eine entsprechende Frage gestellt hatte, zeichnete er eine Skizze und erläuterte mir einige wichtige Maori-Vorstellungen. Es dauerte eine ganze Weile, bis ich begriff, daß er mir seine Vorstellungen von einer christlichen Maori-Theologie darlegte. «

(S.S.)

» Nach meinen Erfahrungen hat es sich als sehr günstig erwiesen, wenn ein neuer Informant durch Vermittlung eines gemeinsamen Bekannten gewonnen werden konnte. Die persönliche Vermittlung wirkt als eine Bürgschaft im voraus: Sie räumt Mißtrauen aus und läßt mich als eine vertrauenswürdige Person erscheinen. Da der Angefragte dem Bekannten gegenüber persönlich verbunden ist, wird er ihm die Bitte um ein Gespräch schwerlich abschlagen.

Ich will nun an einigen Beispielen darstellen, wie ich Informanten gewonnen habe. Zunächst einmal befragte ich Freunde oder nähere Bekannte, soweit sie für meine Themenstellung in Frage kamen. Diese boten mir nach dem Gespräch oft von sich aus an, Kontakte zu weiteren Personen herzustellen. Eine Freundin lud mich zu einem Kaffeetrinken ein mit der Aufforderung, meinen Cassettenrecorder mitzubringen. Sie stellte mir dann eine religiös sehr engagierte Dame vor, die schon auf mein Kommen vorbereitet worden war. Unser beiderseitiges Interesse war geweckt, und so konnte ich 'aus dem Stand' ein Interview durchführen.

Eine andere Vermittlung verlief ungünstiger. Eine deutsche Bekannte hatte mir ihren Türkischlehrer als Informanten empfohlen. Sie mußte zwar nach Deutschland zurückkehren, kündigte ihm aber vorher mein Kommen an. Ich ging zu einem ersten Vorgespräch hin und erlebte einen freundlichen, aber etwas ängstlichen Gesprächspartner, der ganz genau wissen wollte, was ich ihn fragen würde. Er war auch nicht bereit, sofort einen Termin zu vereinbaren, sondern notierte meine Telefonnummer. Dann hörte ich nichts mehr von ihm. Ich bin jedoch der festen

Überzeugung, daß er sich dem Interview nicht hätte entziehen können, wenn meine Bekannte noch da gewesen wäre. Dann wäre er ihr gegenüber persönlich verpflichtet gewesen.

Die Beispiele zeigen, daß es auf zwei Elemente ankommt: die Kombination von Vertrauen schaffen und persönlicher Verpflichtung. Sie sind die Grundbausteine des türkischen 'Arkadaş-Systems' (arkadaş = Freund, Kamerad, Kollege). Verläßliche Beziehungen und Dienstleistungen beruhen auf persönlichen Verbindungen. Diese Strukturen finden sich in allen gesellschaftlichen Bereichen, von Handel, Wirtschaft, Handwerk, ärztlicher Versorgung bis in die höchste Politik. « (R.P.)

(2) Die Bedeutung von Sprache

Jemand teilt sich uns mit oder er gibt eine sachliche Information - dabei benutzt er Sprache. Sie ist das Vehikel des Gesprächs, ohne das sich nichts bewegt. Die Alltagssprache bezeichnet mit diesem Wort ein klappriges Gefährt, das seine Aufgabe mehr schlecht als recht erfüllt. So ist es manchmal auch mit dem Vehikel 'Sprache'. Es wechselt zwischen Forscher und Gesprächspartner und transportiert Sinn. Doch: Wieviel davon geht unterwegs verloren? Wieviel Ladung wird tatsächlich abgenommen?

Sogar wenn zwei dieselbe Sprache sprechen, ist das ein Problem. Es tritt erst recht zutage, wenn einer oder beide sich in einer fremden Sprache auszudrücken versuchen.

Was uns bei unseren Forschungen als besonders interessant zum Thema 'Sprache' auffiel, haben wir im folgenden zusammengestellt.

Wie Gesprächspartner eine für sie fremde Sprache benutzen, aber dann doch auf ihre eigene zurückgreifen, weil es um den sprachlichen Ausdruck für eine religiöse Vorstellung geht, der schwer übersetzbar ist, wenn nicht gar unübersetzbar, da er nur in dieser Sprache mit den passenden Vorstellungen verbunden ist, davon berichtet der erste Text.

Renate Pitzer-Reyl führte Gespräche auf Deutsch mit türkischen Frauen, die eine deutsche Schule besucht hatten und ihre Sprachkenntnisse einsetzen konnten:

» Interessant war, daß die Informanten von sich aus auf das Türkische zurückgriffen. Dies geschah meist, wenn sie Probleme hatten, das, was sie sagen wollten, auf Deutsch auszudrücken. Bei näherer Betrachtung stellt sich heraus, daß es dabei um ganz zentrale Fragen für den Betreffenden geht. Eine Informantin beschrieb ihren Glauben an Gott so:

"... es ist sehr 'rahatlatıcı' ..." Wörtlich bedeutet der Ausdruck 'Erleichterung verschaffend'. Als ich sie fragte, was es für sie persönlich bedeute, antwortete sie: "Wenn ich keinen Ausweg habe, dann ist es so ein Ast, an den man sich halten kann." «

(R.P.)

Das Zögern zeigt an, daß die Gesprächspartnerin nach einem deutschen Wort sucht, das ihre Vorstellung genau ausdrückt. Schließlich sagt sie, was sie meint, in ihrer Muttersprache. Deshalb hat Renate Pitzer-Reyl in ihren Interviews darauf geachtet, daß sie möglichst gut die türkischen Ausdrücke kennenlernt, um unscharfe Übersetzungen zu vermeiden. Diese Begriffe sind eindeutig, mit ihnen bleiben die Gesprächspartner näher an ihrer Erfahrung:

» Bei 'Fasten' denkt man im Deutschen meist nur an den Verzicht auf Essen, während das türkische Wort 'oruç' die viel umfassendere islamische Vorstellung wiedergibt. In einem solchen Gespräch über das Fasten äußerte ein türkischer Gelehrter: "Jeder hat selbst das Recht zu entscheiden - faste ich oder nicht. Außerdem steht im Koran: Zwischen Allah und den Menschen, den Einzelnen, darf niemand treten. 'Allah ile kul arasında girilmez' (wörtlich: 'Zwischen Gott und den Menschen darf man nicht treten'). Insofern ist es ja seine Entscheidung, ob er fastet oder nicht". «

(R.P.)

In der Beschreibung der Beziehung zwischen Gott und dem Menschen liegt die Kernaussage. Sie ist dem Muslim so wichtig, daß er sie noch einmal durch das 'Originalzitat' bestätigt. Vielleicht spürte er auch, daß die Übersetzung einen wichtigen Aspekt nicht mit in die andere Sprache hinübernimmt.

Für uns wird 'kul' zum Schlüsselwort für das islamische Verständnis vom Menschen, denn 'kul', türkisch für 'Diener, Sklave', bezeichnet den Menschen im Gegensatz zu Allah. Daß der Mensch im Vergleich zu Gott gering sei, kann man auch im Deutschen formulieren. Im Türkischen jedoch ist diese Vorstellung unauflöslich mit dem Wort für 'Mensch' verbunden und stets darin enthalten. 'Kul' bindet Vorstellungen, die unser Wort 'Mensch' nicht enthält.

Die Chancen zu besserem Verstehen wachsen, je genauer wir die vertraute, alltägliche Sprache unserer Gesprächspartner kennen. So viel wir können, sollten wir daher alle Möglichkeiten nutzen, sie zu erlernen. Doch die Hauptsache für Religionsforscher bleibt das Religiöse. Zwar drückt es sich oft in Sprache aus, aber der konzentrierte Blick richtet sich nicht auf die äußere Form der Aussage, sondern auf ihren Inhalt. Es ist gut, die Form so weit zu beherrschen, daß sie uns nicht zum Hindernis wird auf der Suche nach dem Gemeinten.

Ein Beispiel dafür bietet uns der große französische Afrikaforscher Marcel Griaule (1898-1956). Mit seinem Buch *Dieux d'eau* (1948; deutsch: *Schwarze Genesis,* 1970) hat er uns die Augen für eine bislang unbekannte Dimension afrikanischer Religiosität geöffnet. Er schrieb auf, was ihm von Ogotemmeli, einem alten Dogon-Priester, Ende 1946 an dreiunddreißig Tagen offenbart wurde. Die Priester der Dogon hatten die französische Forschergruppe, die seit fünfzehn Jahren zu ihnen kam, beobachtet und schließlich deren Chef, Marcel Griaule, für würdig befunden, die außerordentliche Belehrung zu empfangen. Geneviève Calame-Griaule, seine Tochter, hatte ihren Vater damals als Sprachforscherin begleitet. Sie erinnert sich an seine Arbeitsweise[1]:

» Er schrieb schnell und notierte wirklich alles, was Ogotemmeli gesagt hat. Und das vollzog sich aber mittels Übersetzung, denn er sprach nicht fließend genug Dogon. Er kannte Dogon zwar ganz gut, er konnte es auch mitschreiben, er konnte grob folgen, nicht aber alles verstehen und niederschreiben, was er hörte. So half ihm also der berühmte Übersetzer Koguem Dolo, der sehr gut Französisch konnte. Aber er notierte wohl alle wichtigen Ausdrücke und die Schlüsselaussagen Ogotemmelis auf Dogon. «

---

1) Dirk-Wilhelm Philipp, *Marcel Griaule: Sein Wirken für eine methodologische Richtungsänderung in der Religionsforschung.* MS, Marburg, 1990, Examens-Arbeit im Fach Ev. Religion, 67-68.

Obwohl Marcel Griaule in fünfzehn Jahren die Alltagssprache gelernt hatte und als Spezialist auch mit den religiösen Ausdrücken ('Schlüsselwörtern') vertraut war, ergriff er ohne Zögern die Chance, sich von einem so ausgezeichneten Dolmetscher helfen zu lassen.

Sind Religionsforscher zugleich Sprachspezialisten, hat das viele Vorteile. Es birgt aber auch die Gefahr, sich völlig in einer fremden Wissenschaft über eine Sprache zu verlieren: man stelle sich einen Amerikanisten vor, der auf einen Indianer trifft, für den von klein auf Englisch die Umgangssprache war. Er kennt die traditionelle Sprache seines Volkes vielleicht ausschließlich von religiösen Zeremonien. So gesehen könnte ihn der Forscher sogar unterrichten - doch wollen nicht wir die Lernenden sein?

Ein Semitist erkennt Abweichungen eines arabischen Dialekts sofort, doch Religionsforscher sollten eher darauf achten, was zum Ausdruck gebracht wird, und nicht in welchem sprachlichen Gewand.

Wenn Religionsforscher Gläubige nach ihrer Religiosität fragen, werden die Antworten in einer bestimmten Sprache gegeben, die uns im Idealfall bekannt ist; weil es aber um Religiöses geht und nicht um die Frage 'Wie kaufe ich ein Brot?', brauchen wir Kenntnisse, die über den Erwerb der konkreten Sprache, über Flexionsformen und Fragepartikel, hinausgehen. Sprachliche Benimm-Regeln und Höflichkeitsformen kann man zu Haus erlernen. In Büchern steht schon manches zu lesen über die Gebräuche im fremden Land, zum Beispiel, ob dort Gastgeschenke üblich sind oder nicht. Bereits auf dieser Ebene brauchen wir Fingerspitzengefühl, denn wir haben ganz unterschiedliche Gesprächspartner, auf die wir uns einstellen müssen, vom Hütejungen bis zur Universitätsprofessorin. Ausschlaggebend ist unser Einfühlungsvermögen im Bereich von Religion und Religiosität. Hier können wir uns wenig vorbereiten: die persönliche Sprache von Religiosität und Erfahrungen lassen sich nicht in Lehrbüchern vermitteln. Für diesen Bereich erweitern wir unser Vokabular am besten an Ort und Stelle. Denn was wir an christlich geprägter Sprache mitbringen, dürfte uns Fremdes kaum erschließen lassen.

(3) Auf der Suche nach einer Methode, fremde Religiosität besser verstehen zu können.

Werkstück und Werkzeug müssen zueinander passen: eine Schlitzschraube wird von einem Kreuzschraubenzieher keinen Millimeter bewegt. Ähnlich ist es in der Religionsforschung. Das Beispiel 'religiöse Texte' kann das illustrieren. Als Werkzeug zu deren Erforschung passen philologische Methoden: Mancher Text muß zunächst erstellt werden. Der Vergleich verschiedener Urkunden oder Quellen ermöglicht es, Fehlerhaftes zu erkennen und zu tilgen. Jetzt erst wird der Text bearbeitet. Ist er stilistisch einheitlich? Wenn nicht, wie lassen sich die Brüche erklären? Welche Geschichte der Bearbeitung hat der Text durchlaufen? und andere Fragen mehr.

Gutes, effektives Werkzeug wird durch jahrelange Erprobung entwickelt. Die Philologie hat viele Erfahrungen gesammelt; davon profitiert die Religionsgeschichte.

Religiöse Texte gehören zum Bereich der öffentlichen Religion, sofern sie nicht geheimgehalten werden. Auch religiöse Institutionen und ihre Organisationsformen gehören dazu, religiöse Bauten und ihre Architektur, religiöse Spezialisten samt Kultgewändern; dazu gehören gemeinsames religiöses Handeln und Anschauungen, die für diese Religion typisch sind. Sichtbar sind ebenfalls die Angehörigen einer Religion. Was wir aber nicht sehen können und was sie nicht öffentlich machen, das sind ihre persönlichen Einstellungen, zum Beispiel zur anerkannten Lehre: Welche Teile der Lehre werden betont, welche werden vernachlässigt? Was bedeuten sie den Gläubigen? Wie bestimmen diese Einstellungen ihre Lebensweise?

All diese Fragen sprechen den Bereich 'Religiosität' an. Allerdings bilden dieser private Teil einer Religion und der öffentliche eine Einheit, beide beeinflussen einander, sie sind voneinander nicht getrennt, doch unterschieden. Daher brauchen wir zu ihrer Erforschung auch unterschiedliche Methoden.

Wie aber sollen wir die lebendige Religiosität einzelner Menschen erforschen? Dafür liegen noch keine erprobten Werkzeuge bereit. Auch das Material liegt nicht bereit: Religiöse Texte, um beim Beispiel zu bleiben, wurden entweder schriftlich festgehalten oder mündlich tradiert. Die einen verändern sich wenig, die anderen schneller. Wenn sie nicht geheim sind, können wir die einen nachlesen, die anderen anhören, wenn wir ihre Bewahrer danach fragen. Fragen wir jedoch Gläubige nach ihrer Religiosität, werden uns die meisten neben einer offiziellen Erklärung auch ihre persönliche geben.

Ob wir an Texten arbeiten oder mit Gläubigen sprechen, das macht schon den äußerlichen Umständen nach einen großen Unterschied: Mit vielen Texten können wir zu Hause am Schreibtisch arbeiten und in der gewohnten Umgebung - womöglich erleichtert uns eine Tasse Tee die Arbeit. Zu fremden Gläubigen müssen wir uns hinbegeben, und hier beherrscht nicht der uns gewohnte Lebensrhythmus unser Arbeiten, sondern ein fremder. Noch ein Unterschied: Ein Text wird niemals - wie Menschen - müde oder ungeduldig oder hungrig.

Nur sehr wenige Menschen schreiben ihre religiösen Anschauungen auf, zum Beispiel in Tagebüchern. Wollen wir etwas über ihre Religiosität wissen, müssen wir sie danach fragen. Zugang zu persönlicher Religiosität bekommen wir in aller Regel von den Menschen selbst, wenn wir mit ihnen sprechen: über Gespräche, nicht über die festliegende Sprache von Texten, so müßte die Erforschung von Religiosität aussehen.

"Das ist doch nicht schwer!", könnte man denken, denn jeder von uns führt jeden Tag Gespräche, sie sind die alltägliche Art und Weise, uns zu verständigen. Doch auch im Alltag fühlen wir uns manchmal mißverstanden, wenn es um unsere Gefühle geht. Nicht anders werden wir auch in Gesprächen, in denen es um religiöse Gefühle geht, feststellen, daß die Verständigung nicht immer funktioniert. Denn wenn wir einen anderen Menschen nach seiner Religiosität fragen, wird er auch über religiöse Gefühle sprechen.

Einen Text untersuchen wir nach seiner äußeren Gestalt und nach seinem Inhalt und daraufhin, wie beides zusammenpaßt. Im Gespräch ist das ähnlich: jemand sagt etwas, damit bringt er einen Inhalt zum Ausdruck. Das tut er aber in einer bestimmten Weise, die uns ebenso wertvolle Aufschlüsse für unser Verständnis geben kann. Solche indirekten Mitteilungen zu erfassen, halten wir für eine lohnende, wenn auch schwierige Aufgabe.

Diese Art religionsgeschichtlichen Arbeitens ist kaum erprobt, es fehlen noch die Werkzeuge. Also sind wir auf die Suche zu verwandten

Disziplinen gegangen: Wo beschäftigt man sich professionell mit Gesprächen und hat Erfahrungen zusammengetragen, von denen Religionsforscher profitieren könnten?

Wir haben auf eine Therapieform innerhalb der humanistischen Psychologie zurückgegriffen, auf die Gesprächstherapie, wie sie von dem Amerikaner Carl R. Rogers († 1987) entwickelt wurde.

Indessen, eines müssen wir dabei beachten: Psychotherapie verfolgt andere Ziele als die Erforschung von Religiosität. Doch die Arbeit mit Hilfe von Gesprächen ist eine deutliche Gemeinsamkeit in der Form. Und auch inhaltlich gibt es Ähnliches, denn es geht um das Verstehen von etwas Fremdem, um das Verstehen eines anderen Menschen. Er ist ganz anders als wir, ob er nun unser Nachbar oder in Zentralchina zu Hause ist. Wollen wir ihn verstehen lernen, darf es kein oberflächliches Gespräch sein. Ein vertrauensvolles Verhältnis ist dafür die Voraussetzung.

Carl Rogers hat deutlich gemacht, daß die menschliche Beziehung für ein Gespräch ausschlaggebend ist. Er nennt drei Elemente, die sich in seiner Forschung als förderlich bestätigt haben; zusammen bewirken sie eine Haltung, die zu erwerben mehr verlangt als das Erlernen einer Interviewtechnik.

Dem Gegenüber zu zeigen, daß seine Äußerungen von uns nicht bewertet werden, dafür verwendet Rogers das Wort 'Akzeptanz'. Eine akzeptierende Einstellung ist das erste, was wir fremden Gläubigen zeigen können. Schon wenn wir unser Vorhaben erklären, versuchen wir zu vermitteln, daß wir unseren Gesprächspartner als Person akzeptieren, daß seine Anschauungen und Gefühle für unser Verstehen wichtig und wertvoll sind. Akzeptanz drückt sich aus, wenn wir geduldig anhören, was uns berichtet wird. Wir zeigen, daß wir etwas lernen wollen und folgen dem anderen in seinem Erzählkonzept. Wir versuchen, genau das aufzunehmen, was gesagt und wie es gesagt wurde. Und wir vergleichen im Gespräch nicht mit dem, was wir anderswoher wissen.

Interesse und Anteilnahme tragen als zweites zu dieser Haltung bei. Rogers faßt sie zusammen mit dem Stichwort 'Empathie'. Unser Gesprächspartner wird erkennen, ob wir interessiert sind, beispielsweise an unserer Aufmerksamkeit während des Gesprächs. Ob wir Anteil nehmen, mag er daran erkennen, wie unsere Aussagen, unser Verhalten in Gestik, Mimik und Sprechweise zum Inhalt des Gesprächs paßt. Oder auch daran, daß wir versuchen, zu verstehen, warum er uns etwas gerade auf diese Weise sagt.

Den dritten Faktor nennt Rogers 'Authentizität' - Echtheit. Es wird deutlich, wie eng die drei Aspekte sich zu einer Haltung zusammenfügen: Nicht-authentisches Akzeptieren ist kein wirkliches Akzeptieren, Empathie kann es ohne Echtheit nicht geben. Übertragen auf das Gespräch mit Gläubigen bedeutet Echtheit, nichts vorzuspielen und unsere Gefühle offen zu zeigen. Sich zu verstellen, lohnt nicht. Besser, wir sagen, daß wir keine Butter im Tee mögen, als daß uns unsere Gesprächspartner den Widerwillen vom Gesicht ablesen.

Auch wir verändern uns durch die Gespräche mit Gläubigen. Zur Echtheit gehört, daß wir ihnen zeigen, wie wir als Menschen beteiligt sind.

Im folgenden sollen drei Berichte unsere ersten Erfahrungen mit dieser Haltung veranschaulichen.

Eine einzigartige Gelegenheit

» In einem Seminar zum Thema Rites de Passage lernte ich eine junge Frau kennen. Sie suchte eine Arbeitsgruppe, um ein Referat vorzubereiten und bot an, über ihre Initiation als Wicca zu berichten. Ich war begeistert! Eine 'Neuhexe', wie sie sich selber manchmal nennen, eine Informantin! Selber forschen statt Bücher studieren!

Wir trafen uns in jenem Semester einmal jede Woche. Auf unserem Arbeitsplan stand: Ausarbeitung eines Fragenkatalogs, der auch bei anderen, ähnlichen Gelegenheiten verwendet werden könnte. Im Frage-Antwort-Wechsel wollten wir auch unser Referat halten.

Daran arbeiteten wir lange Zeit. Mit den Fortschritten waren wir beide nicht zufrieden. Äußerliches erfragte ich zuerst: Wann hat die Initiation stattgefunden? An welchem Ort? Wer war daran beteiligt? Als wir uns zu den wie- und warum-Fragen vorgearbeitet hatten, wurde es schwierig. Die Spielregel lautete ja: die Qualität der Frage sollte getestet werden, indem sie ganz direkt beantwortet wurde, ohne daß meine Gesprächspartnerin darüber nachdenken sollte, ob nicht noch ein tieferer Sinn dahinter steckt. Jedoch die Antworten ergaben nur Unzusammenhängendes. Um richtig zu fragen, hätte ich zuvor die Antworten kennen müssen. Schließlich verloren wir mit dieser mühsamen Arbeitsweise die Geduld und fingen von der anderen Seite an: Sie erzählte mir von ihrem Initiationsritus, nannte alle wichtigen äußeren Elemente und erklärte ihre Bedeutung. Ich, vormals Fragestellerin, schwieg und lauschte. Wieviel spannender der Ritus sich in einer einheitlichen Erzählung darstellte! Zuvor hatte ich vorbeigefragt und nichts als Bruchstücke erhalten. Jetzt fügten sie sich zu einer Einheit, innere Zusammenhänge wurden mir deutlich. «

(P.S.)

Den anderen im Gespräch führen lassen

» Ich habe bald festgestellt, daß das Einlassen auf die 'indianische' Art zu erzählen praktische Konsequenzen in meinem Gesprächsverhalten bewirkte. Schon der in jener Kultur gebotene Respekt vor den Älteren bedeutete für mich in den meisten Fällen, Gespräche nicht zu führen, sondern mich führen zu lassen. Wenn ich bewußt hinhörte, wenn ich dem Faden meines Gesprächspartner folgte, gelang es mir, herauszuhören, was ihm wichtig war. Meine Fragen dagegen hätten das Gespräch manches Mal fort von seinen Gedanken in eine ganz andere Richtung gelenkt.

In solchen Gesprächen erfuhr ich längst nicht immer die Dinge, nach denen ich gefragt hatte oder hätte fragen wollen. Aber ich erfuhr, was dem anderen wichtig war. Das Ergebnis geriet dabei durchaus zu meinen Gunsten: So erzählte mir ein Sioux-Ältester, hoch angesehener Sänger traditioneller religiöser Lieder und Lehrer an einer Reservationsschule, den ich zu Beginn unseres ersten Gesprächs nach dem Stellenwert der traditionellen Religion in dem von indianischen Pädagogen aufgestellten Lehrplan fragte, unerwartet und sehr ausführlich von seinem Glauben. Meine Frage nach Religion im Lehrplan hat er in keinem unserer Gespräche beantwortet, aber ich bekam zu meinem Erstaunen Dinge zu hören, nach denen zu fragen mir - hätte ich das Gespräch 'geführt' - nie in den Sinn gekommen wäre. «

(D.F.)

Überraschendes erfahren

» Bei meiner Forschung ging es mir in erster Linie um religiöse Erfahrungen. Mich interessierte, wie Sannyasin ihre Religion erleben, wie sie in ihr und mit ihr leben, und welche seelische Landschaft die Lehre Oshos in seinen Anhängern geformt hat.

Empirische Erhebungen in der Form vorformulierter Fragen hatten mir dabei nicht weiterhelfen können, da es in meiner Untersuchung gerade auf individuelle Berichte ankam. Deshalb habe ich mich für eine Interviewtechnik entschieden, die dem Interviewten Raum für die erzählerische Formulierung dessen anbietet, was ihm diesbezüglich zu sagen von seiner Religion wichtig ist. Meine Aufgabe als Forscher bestand darin, Verständnisfragen zu stellen, was gar nicht oft nötig war, sonst aber nicht in den Verlauf der Erzählung einzugreifen.

Während eines dieser Interviews schilderte ein Sannyasin, wie er in Poona, dem indischen Zentrum der Bewegung, über Jahre hinweg den Sessel, auf dem Osho während des Darshan saß, vor dieser Veranstaltung in die Versammlungshalle getragen hat. Darshan ist in der Tradition des alten Indien die zeremonielle Begegnung eines religiösen Lehrers (Guru) mit seinen Schülern, den Sannyasin, um sie in seiner religiösen Lehre zu unterweisen. Diese Tradition weiterführend gehört jener Ritus zu den wenigen institutionellen Formen, die der Guru bis zu seinem Tod regelmäßig durchgeführt hat.

Jener Sannyasin erzählte mir also, er sei es gewesen, der Abend für Abend Oshos Sessel auf das Podium im großen Auditorium des Ashrams getragen habe. Das erfüllte ihn mit Stolz, wie ich deutlich spüren konnte.

Formal betrachtet verhalf mir mein Gesprächspartner natürlich zu Informationen aus erster Hand über die Organisation und die zeremonielle Durchführung des Darshan aus der Sicht eines der Akteure. Sie erlauben eine religionsgeschichtlich exakte Beschreibung dieses Ritus als feierlichen Rahmen, der sich um die Diskurse, die Lehrvorträge Oshos, entfaltet. Die Bedeutung des Darshan für die Religiosität meines Gesprächspartners, die mit ihm verbundenen Gefühle und Hoffnungen lernte ich allerdings erst kennen, als ich das Gefühl aufgriff, das seine Schilderung begleitet, den Stolz nämlich, und ihn bat, mir mehr über seine Arbeit in Poona zu sagen. So erzählte er mir, wie Osho sein Leben verändert und was er ihm zu verdanken habe. Er habe diesen Job im Darshan übernommen, um keine Gelegenheit auszulassen, in der Nähe seines Meisters zu sein. Außerdem könne er ihm so seine Dankbarkeit zeigen. Nur das sei ihm wichtig, obwohl er auch ein wenig stolz darauf sei, sich regelmäßig in der Nähe eines erleuchteten Meisters aufhalten zu dürfen. «

(J.S.)

Im folgenden ist ein Gesprächsausschnitt aus einer Tonbandaufzeichnung wiedergegeben. Renate Pitzer-Reyl spricht in der Türkei mit einer ihr inzwischen gut bekannten Freundin.

Wir finden hier einen Beleg dafür, daß die Gesprächspartner, wenn ihnen durch einen offenen Gesprächsanfang dazu die Möglichkeit gegeben wird, gleich zu Beginn ihren persönlichen Schwerpunkt setzen.

» - Wenn du möchtest, kannst du einfach damit anfangen, was dir zum Thema Religion einfällt.

- Was ich immer denke, ist, daß die Christen ja so eine Reform hatten, das fehlt uns in unserer Religion, glaube ich. Wir haben das Buch (den Koran), wie es am Anfang war, ohne irgendeine Änderung. Wir sind ziemlich stolz darauf, daß es das Original ist und nicht von Menschenhand geändert wurde. Aber jetzt ist halt das Problem, daß seine Anforderungen denen der ersten Tage entsprechen und nicht denen von heute. «

(R.P.)

Die Informantin erhielt das Angebot, frei über ihre Religion zu sprechen und reagierte darauf, indem sie sofort bei ihrem aktuellen Problem ansetzte, daß sich nämlich die Welt, nicht aber die Auslegung des Korans verändert hat.

Wenn wir unseren Gesprächspartnern ermöglichen, selber ein Thema zu wählen, werden wir oft überrascht. Sie sagen, was sie für wichtig halten. Wesentliches erfahren wir, wenn wir ihnen nicht mit vorgefaßten Fragen den Weg verstellen.

Wie andererseits vorgefaßte Fragen uns daran hindern können, aufzunehmen, was der Gesprächspartner äußern will, das haben wir selber immer wieder feststellen müssen. Auch andere Religionsforscher haben das erlebt. Um dieses Problem anschaulich zu machen, zitieren wir ausführlich aus einem Interview, das ein Forscher für das *American Indian Research Project* der Universität von Süd-Dakota mit einem älteren Crow-Indianer geführt hat: Er wollte Einzelheiten über das religiöse Leben der Crow erfragen, unter anderem über ihren Sonnentanz. Deshalb kommt der Interviewer hartnäckig immer wieder auf seine Fragen zurück.

Der Indianer berichtet von dem, was verschiedene Teilnehmer ihm über ihre Motive beim Sonnentanz gesagt haben, und kommt so auf den Zusammenhang zwischen christlicher und traditioneller Religion zu sprechen:

" - So, wie ich es sehe, gibt es da einen Allmächtigen, der den Himmel gemacht hat und die Sterne und die Erde, der das Gras wachsen ließ und die Bäume gemacht hat, die wir (hier beim Sonnentanz) benutzen, und der mich gemacht hat. Du nennst ihn Gott; ich nenne ihn den Schöpfer, den 'First Maker', aber die Weißen nehmen mir diesen Glauben weg ...

- Darüber möchte ich lieber ein bißchen später sprechen. Tanzen heute mehr Leute als früher den Sonnentanz oder weniger?

- Das ist unterschiedlich." Der Indianer schildert, statt Zahlen zu nennen, einige persönliche Beispiele.

Ohne darauf einzugehen, fragt der Interviewer:

" - Erlangen die Tänzer übernatürliche Visionen beim Sonnentanz, so wie bei der Visionssuche?

- Nein, der Allmächtige macht ihnen deutlich, zu einer bestimmten Zeit des Jahres oben auf einen Hügel oder an einen anderen einsamen Ort zu gehen, wo sie ihn sehen; wenn die Kirschen reif sind, oder wenn das Gras braun wird, zu irgendeiner bestimmten Zeit, oder wenn der Mond auf einem bestimmten Stand ist - und ich, ich habe (in einer Vision) vier Steine gesehen, und er sagte, 'Setz' deinen Glauben in jeden einzelnen von ihnen, und du wirst leben, und was immer du sagst, wird wahr sein ...'. Und ich habe mich gefragt, was das bedeuten soll, diese vier Steine, und schließlich wurde mir klar, es sind die vier Jahreszeiten: bete das ganze Jahr hindurch, und du wirst leben! - und heute, schau, ich lebe. Das ist der Grund, weshalb die alten Indianer die heiligen Männer fragten, ihnen erzählten sie ihre Träume und Visionen, und sie deuteten sie für sie. Die fehlen uns heute, und so versuchen wir sie selber zu deuten, und manches ist sicher eine Fehldeutung. Ich bin jetzt fünzig

Jahre alt, und ich fange an, diese Dinge zu verstehen. Ich trage die Bibel bei mir und lese viel darin, genau wie mein Vater, aber ich setze noch immer meinen Glauben in den Sonnentanz."

Nicht die persönlichen Erfahrungen des Indianers, sondern dieses letzte Stichwort nimmt der Interviewer auf, um zu seiner Frage zurückzukehren:

" - Aber erhalten nicht manche gelegentlich Visionen auch beim Sonnentanz?

- Ja. Du kannst es nicht vorhersagen: hier, oder dort. Manche bekommen sie dort, und manche träumen, daß es an einem anderen Ort sein soll. Aber niemand, mit dem ich gesprochen habe, hat tatsächlich den Schöpfer von Angesicht zu Angesicht gesehen. Er bleibt immer verborgen, auch mir ist er verborgen geblieben, aber ich kenne seine Stimme ..."

Nun kommt der Indianer auf seine Vision zurück und berichtet eindrücklich von diesem Erlebnis, was Indianer selten tun. Als er mit der Schilderung endet, fragt der Interviewer:

" - Wie ist das Zahlenverhältnis von Männern und Frauen beim Sonnentanz heutzutage?"[2]

Gewiß sind die zielgerichteten Fragen des Interviewers für sich genommen berechtigt, verhelfen sie ihm doch zu wichtigem statistischen Material. Was ihm durch die Fixierung auf seine Fragen aber entgeht, sind persönliche Erfahrungen, die ihm sein Gesprächspartner offenbaren möchte - Erfahrungen, die an den Kern der Religion seines Volkes reichen. Hier wird eine unschätzbare Gelegenheit verpaßt, denn Indianer - das ist bekannt - teilen nur ausnahmsweise visionäre Erlebnisse im Gespräch mit anderen Menschen.

Renate Pitzer-Reyl hingegen hat versucht, ihren Gesprächspartnern in deren Aussagen zu folgen, sie im Gespräch zu begleiten. Dadurch erhalten sie die Möglichkeit, nicht nur ihr Wissen, sondern alles, was mit ihrer Religiosität zusammenhängt, ihre Erlebnisse und Erfahrungen und Gefühle darzustellen.

---

2) Interview Nr. 569 des American Indian Research Project, University of South Dakota, Vermillion, vom 23.8.1970. Wir danken dem Oral History Center der University of South Dakota für die Erlaubnis, dieses Interview für Forschungszwecke zu gebrauchen.

» Die Informantin berichtete begeistert von einem ihrer Religionslehrer, der ihr durch seine lebendige Erzählweise den Koran nahegebracht hat.

- Kannst du etwas darüber sagen, was dieser Mann vermittelt hat und was davon besonders hängengeblieben ist?

- In Deutschland war ich ja nicht im Religionsunterricht. Bis zum zwölften Lebensjahr habe ich nichts Näheres über Religion erfahren, außer daß ich mal Kurban bayramı (das Opferfest) miterlebt habe. Das war ziemlich neu für mich. Unser Lehrer hat es wie eine Geschichte vermittelt, und auch vom Koran erzählt, also die Geschichten vom Koran. Die waren einfach interessant.

- Das war das Lebendige, was dich so beeindruckt hat?

- Ja, und das war auch dieses erste Kennenlernen, wirklich mit Zitaten aus dem Koran, das kannte ich vorher gar nicht.

- Du hast sozusagen deine Religion erst mal kennengelernt.

- Ja, und das war interessant. Ich habe Muhammed als Person kennengelernt. Er hat uns von ihm erzählt, von seinen Eigenschaften. Er hat uns das wie eine Geschichte vermittelt, und ich glaube, das war das Interessante daran. «

(R.P.)

Das Beispiel zeigt, wie durch eine einfühlende Gesprächsführung die Gläubige von Beschreibungen objektiver Sachverhalte zur Schilderung persönlichen Erlebens kommt.

Mitten drin sein: Religiöse Erfahrungen teilen

(Hans-Jürgen Greschat)

Dieses letzte Kapitel handelt von Konsequenzen, die sich für Forscher ergeben können. Was geschieht eigentlich mit denen, die so vorgehen, wie wir es beschrieben haben?

Bei der Begegnung mit fremden Gläubigen mußten wir uns öfter für oder gegen bestimmte innere Einstellungen entscheiden. Wann das vorkam, die unterschiedlichen Anlässe, haben wir folgendermaßen gruppiert: Erstens geht es um ethische Überlegungen, zweitens um unseren eigenen Glauben, drittens um den Glauben der anderen, viertens um unser Gefühl der Faszination und fünftens um unser bewußtes Aufgeben von Distanz.

(1) An die Spitze stellen wir ethische Überlegungen: Dürfen wir etwas unternehmen, das unseren wissenschaftlichen Zwecken Nutzen brächte, das aber dem Willen der Gläubigen zuwider wäre?

(2) Es folgen Erfahrungen, die unseren eigenen Glauben betreffen. Er mag religiös oder anders begründet sein, er mag uns wichtig oder unwichtig erscheinen, er kann sich jedoch in gewissen Forschungssituationen inmitten religiöser Menschen als förderlich oder hinderlich erweisen.

(3) Es schließt sich an das Problem des Glaubens der fremden Gläubigen: Wie sollen wir uns zu ihm stellen? Wir fragen sie nach ihrem Glauben, reden mit ihnen darüber, nehmen wo möglich an ihren heiligen Handlungen teil. Folglich müssen wir auch damit rechnen, daß sie uns fragen, wie wir zu ihrem Glauben stehen.

(4) An vierter Stelle kommen wir erneut auf eigenes Erleben zu sprechen, auf die Faszination, die von fremden Gläubigen und deren Glauben auf Forscher ausgehen kann. Wenn wir uns der Faszination einfach hingeben, es wäre eine extreme Möglichkeit - wenn wir die Faszination in uns unterdrücken, es wäre eine andere, nicht weniger extreme. Wie sollten wir uns also verhalten? Sollen wir die Faszination des Fremden fürchten oder sollten wir versuchen, sie methodisch für unsere Arbeit einzusetzen?

(5) Zuletzt stellen wir uns einem Kernproblem der Forschung mit fremden Gläubigen: Was wird, wenn wir die Haltung wissenschaftlicher Distanziertheit aufgeben, wenn wir fremden Gläubigen also nicht als einem 'Forschungsgegenstand' gegenübertreten, sondern versuchen, menschlich mit ihnen umzugehen?

(1) Welche Mittel heiligen den Zweck?

Wir wollen lebende Gläubige als religionsgeschichtliche Quellen erschließen. Die Frage ist, wie sollen *wir* uns dabei verhalten?

Lebende Menschen als Quellen erschließen, das haben verschiedene Berufe zur Aufgabe. Kriminalisten bemühen sich, von Zeugen und Verdächtigen den wirklichen Ablauf eines Verbrechens zu erfahren. Sie kennen diverse Verhörmethoden, um ihrem Gegenüber Aussagen oder Geständnisse zu entlocken. Geschickte Journalisten verstehen es, Interviewte zu verleiten, der Öffentlichkeit Privates preiszugeben. Ärzte stellen gezielte Fragen an ihre Patienten, falls die medizinischen Befunde keine eindeutige Diagnose zulassen. Es gibt eine Reihe weiterer Berufe, die uns alle dasselbe zeigen, daß nämlich Wege und Ziele zusammenpassen müssen, damit professionelle Ergebnisse zustandekommen, oder anders gesagt: was A von B erfahren will, bestimmt die Art und Weise, in der A mit B umgeht.

Wie also sollen wir uns als Religionsforscher den Gläubigen gegenüber verhalten, von denen wir wünschen, daß sie uns ihren Glauben erschließen helfen? Mit dieser Frage wird konfrontiert, wer sich zu Gläubigen begibt. Was darf ich ihnen zumuten, was muß ich unterlassen? Der folgende Bericht schildert eine überraschende Konfrontation mit diesem Problem.

» Einmal ging ich, zusammen mit einem Führer, zu der Höhle von Maria Lionza, ungefähr eine halbe Stunde den Berg hinauf und im dichtesten Urwaldgrün gelegen. Es ist Sitte der Gläubigen, am dortigen Altar ihre Opfer zu überbringen oder eine Kerze zu spenden. Auf dem Weg lagen viele Briefe mit Bitten an Maria Lionza verstreut, die andere Gläubige, die den gleichen Weg gegangen waren, dort hinterlassen hatten. Ich nahm heimlich einen Brief an mich, ließ ihn aber wieder fallen, weil ich mir wie ein Zerstörer des Glaubens der Anhänger vorkam.

Im Zusammenhang damit stellte ich mir folgende Frage: In welcher Funktion bin ich hier? Als Reporter, als Lernender, als Betrachtender, als Initiand oder als Unbeteiligter? Welche Haltung ist die angemessene gegenüber den Gläubigen? «

(R.M.)

Forscher treibt Neugier an. Worum die Gläubigen Maria Lionza bitten, das weiß kein Fremder von vornherein, noch läßt es sich mit Sicherheit erraten. Folglich verspricht ein Blick in jene Briefe gesicherte Erkenntnis, und gesicherte Erkenntnis ist das, was Forscher durch umsichtige Planung und geduldige Bemühung zu erlangen suchen. Müßte man da nicht kurz entschlossen zugreifen?

Gesicherte Erkenntnis bedeutet, daß Forscher ihre Erkenntnisse belegen können. Solche Absicherung verleiht kein schneller Blick, deshalb müßte man jene Briefe irgendwie kopieren. Wie kopiert man Texte, von denen man nicht sicher weiß, ob man das darf? Wenn es irgend geht, tut man es heimlich an Ort und Stelle, oder man nimmt die Dokumente mit, um sie anderswo in Ruhe zu kopieren. Hier können Forscher zu Dieben werden, denn ihr Vorsatz, ein Dokument nur mal 'auszuleihen', läßt sich nicht sicher verwirklichen, weil Hineinschmuggeln nicht weniger auffallen kann als Herausschmuggeln. Daß Forscher schon zu Dieben wurden, bestätigen Archivare und andere Hüter von Dokumentensammlungen.

Nicht jeder hat die eisernen Nerven eines Spions. Unsere Furcht vor Entdeckung dürfte sich als gut funktionierende Hemmung erweisen, falls wir uns versucht fühlen, Belege kurzerhand zu 'entleihen'. Aber warum sollten wir nicht wenigstens einen Blick riskieren, der uns unter Umständen viele Fragen und unsichere Urteile erspart?

Auf der Seite der Forschung spricht nichts dagegen, sondern alles dafür, denn unsere Arbeit soll ein Bericht mit möglichst eindeutig belegten Ergebnissen krönen. Uns entstehen Skrupel auf der anderen Seite, wo sich die Gläubigen finden. Was sie für einen Forscher sein sollen, muß dieser entscheiden. Gehen wir mit ihnen um wie mit einem 'Forschungsgegenstand', mit dem man Versuche durchführt und Situationen arrangiert, mit dessen Hilfe man Hypothesen verifiziert - oder wie mit Menschen? Nehmen wir sie als Menschen, dann akzeptieren wir auch, daß sie einen eigenen Willen besitzen, der anderes wollen kann als wir. Dann bleibt uns nur noch zu entscheiden, ob wir ihren Willen respektieren wollen, selbst wenn wir ihr Wollen nicht begreifen oder gegenteiliger Ansicht sein sollten. Entscheidend ist, was am Ende für jeden von uns schwerer wiegt, der menschliche Respekt vor ihnen oder unser professionelles Jagdfieber nach erstklassigen Belegen.

Die Bittbriefe an Maria Lionza führen uns eine Entscheidungssituation vor, die keineswegs so selten ist, daß nicht jeder von uns in sie geraten könnte: Jemand teilt uns im Vertrauen mit, was eine wichtige Erklärung zu sein scheint, die ein ganz neues Licht auf einen bislang noch dunkel gebliebenen Aspekt dieser Religion werfen könnte. Was sollen wir tun, einen derart wichtigen Beleg einfach unter den Tisch fallen lassen oder das Interesse der Allgemeinheit über das eines einzelnen Informanten stellen? - Irgendwann haben wir einen Kassettenrecorder dabei, werden aber gebeten, ihn nicht einzuschalten. Später werden wir Zeuge einer Zeremonie, bei der wichtige heilige Texte rezitiert werden, und der wir nicht noch einmal werden beiwohnen können. Wiederum müssen wir uns zwischen dem Wunsch der Gläubigen und dem Anspruch der Wissenschaft entscheiden. - Es gibt normale Kameras und Spezialanfertigungen, mit denen man nach vorn visiert und in Wirklichkeit Nichtsahnende in einem Winkel von 90 Grad ablichten kann. Ob man eine Spezialkamera benutzt und Menschen heimlich gegen ihren Willen fotografiert oder nicht, hängt ebenfalls von unserer Entscheidung für oder gegen die Wissenschaft, für oder gegen die Gläubigen ab.

Unsicher belegte Lehren oder Riten dokumentieren zu können, würde die Religionsforschung bereichern, das steht außer Frage. Warum also sollten wir uns für die fremden Gläubigen und ihre Bedenken entscheiden, wenn wir damit den Zielen der Wissenschaft zuwider handeln?

Bis zum Ende des Zweiten Weltkriegs haben Religionsforscher selten Respekt vor fremden Gläubigen gezeigt. Die Forscher waren Weiße, die Gläubigen meist Farbige. Weil die Weißen wissenschaftlich und technisch überlegen waren, kamen ihnen alle anderen wie Kinder vor, erwachsen zwar, doch unwissend. Inzwischen hat sich gezeigt, daß uns Farbige auf vielen Gebieten überlegen sind, daß wir von ihnen lernen könnten. Auf dem Gebiet der Religiosität waren sie zu keiner Zeit unterentwickelt. Das sind Tatsachen, die unseren Respekt herausfordern sollten. Mit 'Respekt' meinen wir eine innere Einstellung, die sich im Umgang mit fremden Gläubigen jedweder Rasse und Kultur äußert. Wer Achtung für sie empfindet, wer sie schätzt, wird respektvoll mit ihnen verkehren.

Das scheint noch immer nicht selbstverständlich zu sein, denn noch immer gibt es Forscher, die Gläubige ohne deren Wissen auf mancherlei Proben stellen, die also mit Menschen experimentieren, wie es Verhaltensforscher mit Tieren tun. Wer so oder ähnlich vorgeht, offenbart die Einstellung eines nach wie vor Überlegenen, der mit anderen verfahren kann, wie es ihm beliebt. Respekt ist anders. Er holt uns herunter aus der übergeordneten Position des Forschungsregisseurs und stellt uns neben die Gläubigen, auf dieselbe Ebene mit ihnen.

(2) Der eigene Glaube

Religionsforscher erforschen den Glauben anderer. Doch was ist mit ihrem eigenen? Hierzu hört man entgegengesetzte Ratschläge. Manche versichern, ein eigener Glaube sei zur Erforschung fremden Glaubens nützlich, wenn nicht gar notwendig. Andere versichern, die beste Voraussetzung für Religionsforscher sei Glaubenslosigkeit.

Für die erste Forderung spricht, daß ein religiöser Mensch andere religiöse Menschen schneller und angemessener verstehen dürfte. Für die zweite Forderung spricht, daß jemand, der keine eigene Position zu verteidigen hat, mit fremden Lehren reibungslos zurechtkommen müßte.

In der Praxis freilich dürfte man lange suchen, um Glaubenslosigkeit im Sinne von Positionslosigkeit zu entdecken. Es sei denn, man meint mit 'Glauben' ausschließlich einen religiösen, so daß die Forderung unumwunden lauten müßte: die besten Religionsforscher müßten religionslos sein, was aber eben nicht dasselbe ist wie ohne feste Meinung. A-religiöse oder anti-religiöse Meinungen wirken sich im Vollzug einer Forschung nicht wesentlich anders aus als religiöse Meinungen. Sie hindern beträchtlich, wenn der Religionsforscher das, was er glaubt oder meint, für die alleinige Wahrheit hält und folglich alles und jedes, das er zu hören bekommt, an seinem Maßstab mißt.

Wenn wir in diesem Abschnitt von 'Glauben' reden, dann meinen wir damit jedwede Art von theoretischer Erklärung der Wirklichkeit, gleichgültig, ob sie dem Lehrsystem einer Religion entstammt oder dem einer Philosophenschule, ob man sie von Soziologen, von Psychologen oder von Physikern lernt. Religionsforscher ohne einen solchen persönlichen Glauben kann man sich schwer vorstellen. Deshalb dürften unsere Erfahrungen mit diesem Problem auch alle betreffen, die in ähnlichen Situationen arbeiten oder arbeiten wollen.

Unsere Erfahrungen beziehen sich auf folgendes Problem: Sollen wir mit fremden Gläubigen über unseren Glauben sprechen oder nicht? Wenn ja, sollen wir damit beginnen, oder sollen wir erst davon reden, wenn sie uns fragen? Dieses Problem veranschaulicht ein Bericht von Forschungen in der Türkei:

» In Gesprächen mit Muslimen fiel mir auf, daß es durchaus wichtig und manchmal auch nötig war, religiös Farbe zu bekennen. Für Muslime ist der Glaube an den einen Gott der Grundpfeiler ihrer Religiosität, und die Ablehnung der Existenz Gottes ist die schwerste Sünde überhaupt. Die Existenz Gottes anzuerkennen, dem Glauben meines Partners Respekt zu zollen, war in vielen Fällen die unerläßliche Voraussetzung für ein offenes Gespräch. Je religiöser meine Gesprächspartner waren, um so mehr hat sich die Erfahrung bestätigt, daß ich dann ernst genommen wurde, mein Anliegen als wichtig akzeptiert wurde, wenn ich ausdrückte, daß ich selbst ein persönliches Interesse an Religion habe.

Dabei ging es nicht darum, blindlings islamischen Glaubensaussagen zuzustimmen, sondern daß ich mich als Christin zu erkennen gab. In einem der Gespräche wurde eine Vertrauensbasis dadurch hergestellt, daß die Partnerin ihren Gottesglauben durch mich akzeptiert und bestätigt fand. Von den Muslimen wurde es als einend empfunden, daß wir beide Anhänger einer monotheistischen Religion sind. So sagte eine Studentin zu mir: "Gott ist tolerant gegenüber den Menschen. Manche sind sehr fanatisch gegenüber den Atheisten und auch den Christen. Aber ich bin nicht so. Ich habe 'Nathan der Weise' von Lessing gelesen, und die Ringparabel hat mich sehr beeindruckt. Ich sehe das genauso. Die Juden und Christen glauben ja auch an einen Gott."

Mehrfach formulierten meine Gesprächspartner eine solche Haltung von Toleranz. Damit waren Brücken geschlagen über die Abgründe, die die beiden Religionen voneinander trennen. « (R.P.)

Dieser Bericht zeigt uns, daß wir mit typischen Einstellungen rechnen können, die sich aus einer religiösen Tradition herleiten lassen. Muslime, Juden und Christen eint eine gemeinsame theologische Basis. Sich zu einer jener Religionen bekennen zu können, erleichtert somit die Forschungsarbeit. Andererseits zeigt uns der Bericht aber auch, wie schwierig ein Religionsforscher bei türkischen Muslimen vorankommen würde, der sich als Atheist zu erkennen gibt.

Ein weiterer Bericht illustriert wiederum, wie rasch ein verwandter Glaube Vertrautheit bewirken kann. Hier wurde die christliche Missionsreligion zur Brücke in die exklusive Religionsgemeinschaft einer Stammesreligion, der man nur durch Geburt oder Adoption angehört:

» Schon bald machte ich eine Erfahrung, die vermutlich jeden erwartet, der mit anderen über ihre Religiosität sprechen will: Die Maori befragten mich nach meiner eigenen, wobei sie sich meist damit begnügten zu erfahren, daß ich katholisch bin. Da auch die meisten Maori Christen verschiedener Denominationen sind und daher trotz aller Unterschiede eine Gemeinsamkeit hergestellt war, wurde ich in einigen Fällen aufgefordert, ein Gebet zu sprechen. Ich tat dies dann in deutscher Sprache, was von den Maori auch immer akzeptiert wurde. « (S.S.)

Forscher, die sich offensichtlich für den Glauben anderer interessieren, dürften großes Erstaunen verursachen, wenn sie den eigenen Glauben zur Privatsache erklärten, die andere nichts angeht. Aber da sie als Religionsforscher und nicht als Missionare wirken wollen, sollten sie nur dann auf den eigenen Glauben zu sprechen kommen, wenn die fremden Gläubigen das wünschen.

Wie immer man sich in dieser oder jener Situation entscheidet, wichtig bleibt, daß man den anderen nichts vormacht. Fruchtbar dürfte eine Forschung von Mensch zu Mensch erst werden, wenn sich beide Seiten respektieren. Damit uns die fremden Gläubigen respektieren können, müssen wir ihnen gegenüber aufrichtig sein wollen. Wir mögen allerlei sagen und tun, das gegen ihre Regeln verstößt, sie werden es verzeihen, denn wir wußten nicht, was wir taten. Nicht verzeihen werden sie, wenn wir uns hinter einer Maske verbergen, hinter einem 'Image', einer Rolle, hinter Floskeln, um anders auf sie zu wirken als wir wirklich sind. Auch sie werden dann eine Rolle spielen, sich hinter einer Maske verbergen und auf unsere Floskeln mit eigenen Floskeln antworten. Vielleicht werden wir es gar nicht wahrnehmen, daß sie uns an ihre religiösen Gefühle nicht heranlassen. Verschüttet aber haben wir uns die Quellen dann selber.

» Oft bot sich mir die Gelegenheit, eine längere Zeit mit meinen Gesprächspartnern zusammen zu verbringen. Dabei sprachen wir natürlich auch über die Erfahrungen, die ich selbst im Rahmen verschiedener Sannyas-Therapien und Meditationen gemacht hatte. Meine Bereitschaft, dies zu tun, sowie die Fülle eigener Eindrücke und Erlebnisse erleichterten jedes Gespräch: So verschwand die Distanz zwischen mir als Forscher und meinem Gesprächspartner meist ziemlich schnell und ein wirklicher Meinungsaustausch kam zustande.

Einmal bin ich außerhalb Kölns mit einem Sannyasin verabredet gewesen, der, bevor er Sannyasin wurde, ein katholisches Priesterseminar besucht hatte. Als ich ihm mitteilte, daß ich ebenfalls Theologie studiert hatte, wollte er verständlicherweise sofort von mir wissen, was mir Jesus heute noch bedeutet. Ich spürte von Anfang an viel Sympathie für diesen Mann, so daß ich ihm offen von meiner eigenen Religiosität, meinen Hoffnungen und Problemen erzählen konnte. Lange Zeit sprachen wir über ganz persönliche Dinge. Und doch habe ich in diesem Gespräch viel darüber erfahren, wie sich die Spiritualität eines Sannyasin in seinen Beziehungen, in Arbeit und Beruf, im Alltag verwirklicht.

Durch meine Offenheit ist nicht nur Vertrauen entstanden, das mir zu wichtigen Einsichten und Informationen verhalf. Sowenig sich meine Partner jeweils als bloße Informanten benutzt fühlen mußten, sowenig Anlaß hatte ich, mich in die lebensferne, unbeteiligte Distanz zurückzuziehen, die dem klassischen Ideal eines objektiven Forschers entspricht. Ich wurde zum Lernenden, der sich immer lieber in das Leben des Kölner Instituts hineinnehmen ließ: Ich war Teilnehmer am Darshan, der allabendlich stattfindenden Meditation, wo Osho als Meister jedes

Einzelnen verehrt wird. Ich habe beim Maroon-Monday, einem Sannyas-Fest, mit den Sannyasin getanzt und dabei die Fröhlichkeit und tief verwurzelte Spiritualität dieser Leute unmittelbar erlebt. Ich habe mich während meiner Zeit in Köln nicht als kühler, distanzierter Beobachter gefühlt, sondern als willkommener Gast. Das kam dadurch, daß auch ich bereit war, über meine eigenen Glaubenserfahrungen zu sprechen. «

(J.S.)

(3) Der fremde Glaube

Gläubige halten ihren Glauben in der Regel hoch und heilig. Was liegt da näher, als zu vermuten, daß unser betontes Interesse an ihrem Glauben zumindest teilweise einer Hochachtung unsererseits entspringe. Wie weit unser Verständnis ihrer Religiosität geht und ob es einem Einverständnis nahekommt, das suchen sie bei uns auszuloten. Kaum verstehen könnten sie uns, wenn wir ihnen auswichen, denn schließlich sind wir es doch, die auf ihrer Religion als Gesprächsthema bestehen.

» Hatte ich einen Tag oder eine Nacht in einer Gruppe verbracht, kamen immer einige von den Gläubigen, um mich zu fragen, wie ich es empfunden hätte. Dann wollten sie auch immer wissen, ob ich an die Geister glaube. Ich sagte ihnen, daß ich nicht sicher sei. Einige Dinge würden mich überzeugen und bei anderen hätte ich noch Schwierigkeiten. «

(R.M.)

Gelehrte, die lernen sollen, Forscher, die erforscht werden, das ist nicht eben alltäglich, es stellt die übliche Situation auf den Kopf. Wer auf Abstand zu den Gläubigen hält, tut das auch, weil er befürchtet, seine Zustimmung könne die 'Objektivität' der zu erfragenden Auskünfte trüben. Doch bereits die Anwesenheit eines fremden Fragestellers beeinflußt die Gläubigen, seine Zustimmung tut das ganz gewiß, und sollte er ihren Glauben für abwegig halten, wird auch das ihnen nicht entgehen.

Der eben zitierte Bericht handelt von einer sogenannten 'Neuen Religion', in der es noch keine alte Lehrtradition geben kann. In deutschen Universitätsbibliotheken wird man mithin vergeblich nach der

Heiligen Schrift der Maria Lionza suchen. Alles, was dort zu finden wäre, sind ein paar Aufsätze von Wissenschaftlern, die in Venezuela auf jene religiöse Gemeinschaft gestoßen sind. Mit anderen Worten: es gibt nur eine Möglichkeit herauszufinden, woran die Anhänger der Maria Lionza glauben: man muß sie fragen.

Diesem Typus von Religion steht ein anderer gegenüber, die alten Religionen. Deren Überlieferung wurde seit Jahrhunderten von einer Generation an die nächste weitergereicht. Soweit das schriftlich geschah, finden wir ihre heiligen Bücher in den Regalen der religionsgeschichtlichen und der einschlägigen philologischen Seminare. Dort gelangen wir 'zu den Quellen', zu dem, was nach unserer akademischen Tradition für das Wesentliche einer Religion gehalten wird. Wie unerwartet Gläubige auf unsere Gelehrsamkeit reagieren können, das zeigt uns Antje Schumachers Bericht von ersten Kontakten bei ihrer Erforschung des Buddhismus in Berlin:

» Wie führe ich Gespräche mit einem buddhistischen Mönch, einem Spezialisten und Experten seiner Religion? - Indem ich mich sorgfältig vorbereite, um mein ganzes Wissen über den Buddhismus parat zu haben. Wie kann ich Auskünfte erhalten, die für meine Forschung wichtig sind? - Indem ich eine hypothetische Gesprächsstruktur aufbaue, mit gezielten und logisch durchdachten Fragen, um mit möglichst geringem Sprach- und Zeitaufwand ein Maximum an Informationen herauszuholen.

Doch die wirkliche Gesprächssituation scheint mir typisch für das Aufeinanderprallen von entgegengesetzten Interessen und Erwartungen. Meine wohlvorbereiteten Fragen, wissenschaftlich objektiv erdacht, gingen wortwörtlich ins Leere, blieben im Raum hängen. Mein Gesprächspartner zog sich offensichtlich resignierend in die Defensive zurück, betrachtete mich als nur akademisch Interessierte, die eine Begegnung mit dem Anhänger einer exotischen Religion analysieren wollte. Meine Frustration und Enttäuschung war beträchtlich, bis ich mein Forschungsvorhaben beiseite ließ und aus reinem Interesse, schlicht formuliert, nachfragte, was sie im Buddhistischen Haus eigentlich machen, bis ich mein persönliches Interesse offen aussprach. Mein Gesprächspartner wandte sich mir wieder zu, zeigte endlich Interesse an meinem Anliegen. Es entspann sich ein Gespräch über die eigene Suche nach Antworten auf existentielle Fragen, über den für Westeuropäer möglichen Zugang zur buddhistischen Lehre durch Meditation. Aber noch hatte ich nicht wirklich gelernt, ich stellte wieder - wenn auch vorsichtiger - meine 'wissenschaftlichen' Fragen. Es folgte ein Schnellkurs im Dhamma, gespickt mit Pali-Begriffen, der mich zwar sehr interessierte, mir aber langsam klarmachte, daß ich mich in der Rolle der zu Belehrenden befand. Denn von den praktischen Möglichkeiten und Konsequenzen des buddhistischen Weges wußte ich im Grunde nichts. Die Lehre, oft gelesen, befand sich lediglich im Ort meines Intellekts.

Nach Auffassung meines Gesprächspartners aber war es für mich notwendig, die Lehre im Innersten zu begreifen, den Weg mitzugehen, die Möglichkeiten der Meditation zu erfahren. Es ist Ziel der Buddhisten, suchenden Menschen den Weg zu zeigen, auf dem jeder selbst die Antwort finden muß. Nur dann sind die wesentlichen Aussagen zu verstehen, können weitergehende Forschungen zu Ergebnissen führen, die der Religion angemessen sind.

Meine westeuropäische Gier nach schnellen Lösungen und konkreten Ergebnissen widerspricht dem Anspruch singhalesischer Mönche, führte mich nicht weiter. Ich ließ mich endlich darauf ein zu warten, mich in Geduld zu üben, und ich versuchte mich einzufügen in die Art, wie Buddhisten Geist und Körper in der Meditation schulen. «

(A.S.)

Es dürfte deutlich sein, wie sehr ein Erfolg unserer Forschungsarbeit von uns selbst abhängt. Natürlich können Gläubige uns nicht zwingen, auf ihre Sicht einzugehen, unsere Gedanken sind frei. Aber dann werden sie unsere Fragen für oberflächlich halten und oberflächlich antworten. Welch ungleiche Anforderungen doch die verschiedenen religionsgeschichtlichen Quellen an Religionsgeschichtler stellen! Um akademisch einwandfrei mit schriftlichen Quellen umzugehen, müssen wir jahrelang Grammatik und Vokabeln gepaukt, literarkritische Verfahren beherrschen gelernt und die Sekundärliteratur möglichst vollständig gelesen haben. Was wir über den Inhalt des Textes denken, den wir wissenschaftlich analysieren, geht niemanden etwas an. Lebendige Gläubige als religionsgeschichtliche Quellen verlangen ganz andere Anstrengungen von uns. Kein Wunder also, wenn nicht jeder Religionsgeschichtler willens ist, auch mit lebenden Gläubigen zu arbeiten.

Die Abneigung, sich auf fremden Glauben einzulassen, wurzelt, bewußt oder unbewußt, im eigenen Glauben, dem der fremde mehr oder weniger bestimmt widerspricht. Das macht verständlicherweise Angst, wir spüren, wie riskant eine solche Forschung für uns wird, falls sich im engen Umgang mit fremdem Glauben der eigene wandelt und wir uns mit ihm. Ob sich das Risiko lohnt oder nicht, das muß jeder für sich entscheiden. Daß manche etwas riskieren, zeigt uns, unter anderen, das Beispiel von christlichen Theologen, die sich entweder als Afrikaner weit in afrikanische Stammesreligionen hineinwagten oder die als Japaner nach der Zen-Frömmigkeit zu leben lernten. Es gibt sogar einige Europäer, die ähnliches versucht haben.

Am Anfang unserer Forschung dürfen die Gläubigen von uns tieferes Verständnis für ihren Glauben kaum erwarten. Respekt sollten wir aber auch für Unverstandenes zeigen. Gläubige, deren Religion keine Mission kennt, loten oftmals aus, ob sie auf unseren Respekt für ihren Glauben zählen können. Bei Gläubigen aus missionierenden Religionen ist es manchmal anders. Sie versuchen gelegentlich, die Forscher zu bekehren, deren Zaudern ihre Bekehrungsarbeit sogar noch verstärken dürfte.

(4) Anziehung

Fremdes stößt uns ab oder zieht uns an, oder es läßt uns kalt. Wenn wir fremdem Glauben gleichgültig gegenüberstehen, werden wir kaum die Neugierde in uns erwecken, die wir für eine Forschung brauchen. Stößt uns fremder Glaube ab, dann dürfte unsere Forschung, zumindest in der Anfangsphase, von unserer Abneigung behindert werden. Die beste Voraussetzung für ein gutes Ergebnis bietet uns somit das Gefühl, von der fremden Religion angezogen zu werden. Manchesmal steigt der Grad der Faszination mit dem Grad der Fremdheit einer Religion:

» Mein Gefühl am Anfang des Aufenthaltes, nachdem ich die ersten Kontakte aufgenommen hatte, war bestimmt von der Faszination und Anziehungskraft der Religion und ihrer Menschen. Religiosität, die mit einer so starken Intensität ausgelebt wurde wie hier, hatte ich bis dahin noch nicht erlebt. Die Riten, die ich in der Gruppe beobachtete und miterlebte, sprechen den Menschen als Ganzen an. Fast alle Aktivitäten finden im Freien statt, meistens in der Nähe von Flüssen oder im Urwald. Die Gläubigen trommeln, tanzen und singen, wenn die Geister erscheinen. Das Geschehen ist immer lebhaft und offen, wird nicht durch Vorschriften und Verhaltensregeln eingeschränkt. Körper und Geist sind gleichermaßen in diese Prozesse hineingenommen. Die Ganzheit der religiösen Handlungen und die fröhliche Grundstimmung bei allen faszinierte mich und zog mich an, unabhängig davon, daß ich diese Religion ja untersuchen wollte. « (R.M.)

Anziehung bindet uns also auf eine besondere Weise an die Religion, die wir untersuchen. Sie geht vom fremden Glauben aus und wirkt auf die Forscher. Das heißt, wir bekommen es hier wiederum mit einem subjektiven Faktor zu tun. Wer indessen auf Objektivität aus ist, wird Subjektives nach Möglichkeit ausschließen, wird mithin das Gefühl der Anziehung in sich bekämpfen, es abtöten wollen. Der Eifer kann über das Ziel hinausschießen und ins Gegenteil umschlagen: dann wird Anziehung von Abgestoßensein ersetzt. Wären demnach Forscher, die gläubigen Gefühlen teilnahmslos gegenüberstehen, nicht am besten für unsere Aufgabe geeignet?

Wem eine Religion gleichgültig ist, dem sind auch deren Gläubige gleichgültig. Wer seine Gleichgültigkeit zeigt, wird von den Gläubigen ein entsprechendes Echo erfahren. Wer sie versteckt und Interesse spielt, könnte schnell wirklich interessiert und fasziniert werden, was den Abstand zum Fremden erneut durch Subjektives verkürzen würde. Deshalb scheint es vernünftiger, wenn wir unsere Gefühle zulassen und sie uns bewußt machen, damit sie uns nicht unbewußt beeinflussen.

Das Gefühl der Anziehung kann nämlich immer stärker werden, bis es sozusagen den Forscher in uns mit sich fortreißt und Gläubige aus uns macht. Mission, so hatten wir schon gesagt, ist jedoch nicht unser Geschäft, weder in dieser, noch in jener Richtung.

Daraus folgt, wir sollten unser Gefühl der Anziehung lenken lernen. Es wird uns helfen, weil es unser Interesse steigert und über lange Zeit wachhält, weil es unsere Energie stärkt, die uns durchhalten läßt, wo andere längst aufgegeben hätten. Faszination, wenn sie uns nicht überflutet, wenn wir sie gleichsam kanalisiert haben, fördert unsere Methode, lebende Gläubige als religionsgeschichtliche Quelle zu erschließen.

(5) Distanz aufgeben

Im gewöhnlichen Leben kennen wir andere Menschen 'vom Hörensagen', 'vom Sehen', 'schon lange', 'gut' oder auch 'sehr gut'. Wenn wir uns so ausdrücken, markieren wir unseren Abstand zu jemand anderem. Vertrautheit wächst schrittweise, aus Fremden werden Bekannte, aus Bekannten werden Freunde, und Freunde kennen sich manchmal so gut, daß sie sich in den anderen hineinversetzen und eine Sache nicht allein mit ihren, sondern auch mit seinen Augen sehen.

Im wissenschaftlichen Leben scheint das anders zu sein, weil die Wissenschaftler ihre Distanz zum Forschungsgegenstand festlegen. Wenn sie ihn nicht zu nahe heranlassen und sich selbst zurückhalten, gehorchen sie einer Forderung, die 'Objektivität' als Gütezeichen wissenschaftlichen Arbeitens garantieren soll. Für sie bedeutet objektiv sein, Subjektives nach Möglichkeit auszuschalten. Eine Distanz verringernde Einstellung zwischen Menschen wird naturgemäß von Mal zu Mal persönlicher und dürfte, was auch immer dabei herauskommt, mit Subjektivität einfärben.

Hier liegt unser Problem. Objektivität als Basis für wissenschaftliches Tun, das hatte man durch gelehrten Umgang mit Daten, Texten und Theorien auch uns gelehrt. Doch sobald wir anfingen, fremde Gläubige als religionsgeschichtliche Quellen zu erschließen, zeigte sich, daß wir mit objektiv-wissenschaftlichen Verfahren nicht weit kamen. Schuld daran ist die Tatsache, daß sich lebendige Menschen nur widerwillig 'bearbeiten' lassen als wären sie Texte, Begriffe oder archäologische Fundstücke. Mediziner mögen Menschen auf ihr Krankheitsbild reduzieren, sie tun es, um den Kranken zu helfen. Wenn Religionsforscher Gläubige zu Patienten versachlichen, tun sie es, um ihrer wissenschaftlichen Arbeit, also um sich selbst zu helfen. Fremde Gläubige können sehr wohl Ziele der Wissenschaft fördern, denen Religionsforscher dienen. Aber sie sollten es tun als verbündete Helfer, ohne von uns benutzt, und erst recht nicht ausgenutzt zu werden.

Es gibt demnach Forschungssituationen, in denen man Objektivität nicht einhalten kann. Was bleibt da zu tun? Man könnte resignieren und sich fürderhin auf das objektive Studium von Publikationen und Manuskripten über Religionen aus erster, zweiter und dritter Hand beschränken. Man könnte aber auch versuchen, das Beste aus dem zu machen, das da ist, das heißt zu lernen, Subjektivität als Schlüssel zur Innerlichkeit fremder Gläubiger zu nutzen, zumal der Beitrag objektiv messender Methoden zur Erkenntnis von Frömmigkeit den Aufwand selten lohnt. Man hat zum Beispiel Kreislaufwerte bei Meditierenden gemessen und aus den Meßwerten 'objektiv' erschließen wollen, was in den Meditierenden vorgehen mag.

Dennoch wollten wir Gelehrtes nicht ohne weiteres Bemühen über Bord werfen. Indem wir also am Streben nach Objektivität festhielten, erkannten wir, daß man die Distanz zu fremden Gläubigen äußerlich und innerlich aufgeben kann.

Äußerlich verliert man die Distanz des objektiv Beobachtenden, wenn man sich zum Beispiel auf die Teilnahme an einer fremden religiösen Handlung einläßt. Dann müssen wir uns nämlich Regeln und Riten der fremden Gläubigen unterwerfen, zumindest eben äußerlich, was bedeutet, daß wir die Regie über den Ablauf der Ereignisse abtreten. Anstatt also wie bisher unsere Forschung zu dirigieren, lassen wir uns dirigieren, anstatt wie gewohnt zu leiten, werden wir folgen. Was gemeint ist, zeigt ein Bericht aus Neuseeland:

» Um Maori-Religiosität wirklich kennenzulernen, ist es wichtig mitzuerleben, wenn sich Maori auf einem Marae treffen. Ein Marae ist ein Stück - im Idealfall - Ahnenlandes mit einem Versammlungshaus und einer Speisehalle.

Ich wurde mehrfach eingeladen, an einem Treffen teilzunehmen, und ich nahm natürlich jede Gelegenheit wahr. Alle, die einen fremden Marae besuchen, müssen zunächst von den Gastgebern in einer hoch ritualisierten Begrüßung willkommen geheißen werden. Wir warteten vor dem Tor des Marae, bis wir hineingerufen wurden. Langsam näherten wir uns dem Versammlungshaus, blieben auf halbem Weg stehen und setzten uns auf die dort bereitgestellten Bänke. Nun begannen einige Männer aus den Reihen der Gastgeber mit den Begrüßungsreden, die von Männern aus unserer Gruppe erwidert wurden.

Zweimal wurde ich persönlich begrüßt; in diesen Fällen wurde erwartet, daß ich selbst einige Worte erwiderte. Ich gab meine Zurückhaltung auf und sprach jeweils ein paar Sätze. Meine Rede beendete ich, wie es ebenfalls Brauch ist, mit einem Lied.

Erst nachdem der letzte Redner gesprochen hatte, durften wir zu den Gastgebern hinübergehen, die sich in einer langen Reihe vor dem Versammlungshaus aufstellten. Wir bildeten ebenfalls eine Reihe und begrüßten einer nach dem anderen jeden einzelnen der Gastgeber mit einem Hongi, dem traditionellen Maori-Gruß, bei dem leicht Nase gegen Nase gedrückt wird.

Danach wurden wir in die Speisehalle gebeten, wo uns eine Tasse Tee und etwas zu essen angeboten wurde. Einmal abgesehen davon, daß es mir immer sehr gut geschmeckt hat, ablehnen hätte ich nicht können, da dieses Essen als unabdingbarer Bestandteil zur Begrüßungszeremonie gehört.

Ungewohnt war es, mit so vielen Leuten, eng nebeneinander liegend, im Versammlungshaus zu übernachten. Oft fand ich nur wenig Schlaf, weil manche sich bis tief in die Nacht miteinander unterhielten und die ersten bereits beim Morgengrauen wieder aufstanden.

Tagsüber wurden immer wieder Reden gehalten, entweder auf dem Marae oder im Versammlungshaus, die aber weit weniger formell waren als die bei der Begrüßungszeremonie. Insbesondere beim Abschied wurde auch ich dabei hin und wieder angesprochen und mußte dann natürlich auch antworten. Ich nutzte die Gelegenheit, um mich für die Gastfreundschaft und das mir entgegengebrachte Vertrauen zu bedanken.«

(S.S.)

Man kann sich viele Möglichkeiten denken, die Forscher vor die Entscheidung stellen, ob sie ihre äußere Distanz zu fremden Gläubigen aufgeben sollten oder nicht. Den Gläubigen gebietet zumeist ihre Gastfreundschaft, uns zu bewirten. Nicht überall gelten unsere Regeln hygienischer Vorsorge, was uns zwangsläufig vor die Wahl stellt, entweder den Warnungen der Weltgesundheitsbehörde zu gehorchen oder eine für unser leibliches Wohlbefinden riskante Gastfreundschaft zu akzeptieren. Für unser Forschungsvorhaben dürfte sich unsere Entscheidung als folgenschwer erweisen, wenn es um religiöse Dinge geht, um Opferspeisen etwa, die man uns zu essen anbietet, oder anderes, das Gemeinschaft zwischen den fremden Gläubigen und ihrem Gast herstellt, wenn sie es gemeinsam verspeisen. Manchmal bieten sie an, was uns nicht gerade appetitlich erscheint, wie Würmer, Insekten oder unangenehm riechende 'Leckerbissen'. Lehnen wir ab, dann schlagen wir zugleich die angebotene Freundschaft aus. Auch vor körperlicher Berührung dürften wir nicht zurückschrecken, wie der Nasengruß bei den Maori deutlich macht. Noch länger und noch enger wirkt jene Gemeinschaftserfahrung bei Indianern, von der im folgenden Bericht die Rede ist:

» Ich bin zu einer Schwitzhüttenzeremonie eingeladen, die einige Meilen weiter auf der Reservation der Santee-Sioux abgehalten werden soll. Als meine indianischen Gastgeber mit mir dort eintreffen, haben sich schon etliche Santee um die Schwitzhütte versammelt. Ihre Gesichter drücken mir gegenüber Reserviertheit aus, als wir aus dem Auto steigen, derweil meine Gastgeber mit lautem Hallo begrüßt werden. "Ein Freund, den wir mitgebracht haben", so stellen sie mich vor, "und der sich sehr für unsere Religion interessiert". Die Gesichter lockern sich zustimmend, meine Anwesenheit scheint akzeptiert. Bis es losgeht, sprechen die anderen freilich unter sich, ich stehe abwartend am Rande.

Dann kriechen wir in die Schwitzhütte, die in der traditionellen Weise aus Weidenzweigen errichtet ist: ein halb mannshohes Rund von vielleicht zwei Metern Durchmesser, über das in alter Zeit Büffelhäute, heutzutage Decken, Planen, alte Schlafsäcke gebreitet werden, um es einer Sauna gleich abzudichten. Drinnen ist die Distanz unvermittelt und ganz selbstverständlich aufgehoben: wir sitzen eng nebeneinander, alle gleich in unserer Nacktheit, vor uns in der Mitte die glühenden Steine, unter uns 'unsere Mutter, die Erde'. Über Nase und Haut nehmen wir das reinigende Aroma der heiligen Pflanzen auf, mit denen wir uns einreiben oder die wir verbrennen. An die heiligen Mächte gerichtet die überlieferten Gesänge auf Dakota, während uns immer wieder der heiße Dampf umhüllt, wenn der Leiter der Zeremonie Wasser auf die Steine gießt. Uns alle verbindet die Pfeife, aus der wir reihum rauchen; nach dem Glauben der Sioux mit jedem Zug ein Gebet, das das ganze Universum vereint. Ich bin Teil der Zeremonie.

In der nun folgenden Runde einzelner Gebete danke ich hierfür, als ich an der Reihe bin, und für die Offenheit dieser Menschen, die ich spüre. Mein Gastgeber betet um Erfolg für meine 'persönlichen wie akademischen Ziele', zumal ich von weit komme, um zu verstehen. Beide Male kräftige, spontane Bestätigung von seiten der übrigen Teilnehmer durch die heiligen Formeln, die sie gebrauchen, um ein laut gesprochenes Gebet zu unterstützen.« (D.F.)

Nicht immer gelingt es, so ohne Vorbehalte und Hemmungen teilzunehmen. Es kann auch geschehen, daß man zu gleicher Zeit äußerlich Distanz aufgibt und innerlich Abstand hält. Vor allem wenn unsere äußere Beteiligung erzwungen ist, könnten wir als Reaktion innerlich auf Distanz gehen, gleichsam automatisch. Deshalb sollten Religionsforscher in Entscheidungssituationen auch die eigenen Gefühle erkennen und anerkennen, um keinem Automatismus anheimzufallen.

Etwas anderes wäre, wenn Forscher um der geforderten Objektivität willen die innere Nähe zu fremden Gläubigen bewußt meiden wollen. Dann müßten sie sich bemühen, die Balance zwischen äußerlichem Aufgeben und innerlichem Einhalten der Distanz zu finden und zu halten.

Wenn aber zum Beispiel eine religiöse Meditationsart erforscht werden soll, wird man sich nicht auf deren Theologie beschränken können und schon gar nicht auf gelehrte Theorien, mit denen sich Außenstehende Fremdes erklärt haben. Man wird auch die religiöse Praxis einbeziehen, sich dafür etwa unter andere Meditierer mischen, deren Verhalten beobachten und sie imitieren, so gut es eben geht. Bleibt es beim Beobachten, dann könnte registriert werden, wie viele Meditierer wie lange versunken oder wenigstens reglos sitzen, wer Unruhe zeigt, wer die Meditation abbricht und so fort. Auf diese Weise würden wir die Distanz des Forschers zu den Gläubigen nur scheinbar aufgeben, indem wir äußerlich tun, was wir sie tun sehen.

Wir aber wollen noch weitergehen und nach der äußeren die innere Distanz aufgeben, indem wir unsere Aufmerksamkeit von den Gläubigen fort auf die Anweisungen lenken und selber meditieren. Das wäre ein Weg, an dessen Ende sich uns Erfahrungen erschließen könnten, die den Erfahrungen der fremden Gläubigen nahe kommen.

Dabei darf es nicht darum gehen, daß unser Erleben dem der Gläubigen entspricht. Das kann es nicht geben. Denn erstens ist jeder Mensch anders, und zweitens unterscheiden sich Gefühlsmuster von Kultur zu Kultur. So ist das religiöse Erleben der anderen nicht durch Nachvollziehen zu erschließen, das wäre eine Illusion. Erschließen können es uns nur die Gläubigen, indem sie uns ihre Gefühle mitteilen.

Dieses Mißverständnis begegnet uns immer wieder. Deshalb noch einmal: Erfahrungen eines anderen können wir nicht wiederholen. Aber wir können uns auf die Art und Weise seiner religiösen Erfahrung einlassen. Das entscheidet, ob wir seine Religiosität verstehen. In der Praxis hat sich uns diese Gesetzmäßigkeit bewahrheitet, und auch die Gläubigen haben sie uns bestätigt, wenn sie unser Verständnis ihrer Erfahrung beurteilten.

An fremden religiösen Praktiken teilnehmen, im Verein mit Gläubigen agieren, das bringt uns ihrer Erfahrung näher - vorausgesetzt, wir sind offen genug, uns persönlich einbeziehen zu lassen. Dafür legen die folgenden drei Berichte Zeugnis ab.

(A) »Ein Geistlicher der independenten Maori-Kirche Ringatū hatte mich eingeladen, für einige Tage bei ihm zu wohnen. Er berichtete mir von einem Brauch, bei dem ein Priester damit beauftragt wird, ein besonderes Anliegen Gott vorzutragen. Dazu sendet der Bittsteller dem Priester drei Münzen. Da es nicht um den materiellen Wert geht, handelt es sich meist um die kleinsten. Diese drei symbolisieren den Dank des Bittstellers an Gott, Reue für Verfehlungen und die eigentliche Bitte, die nun alle drei von dem Geistlichen in Form von Gebeten Gott übermittelt werden.

Um mir dies zu erklären, bat mich der Geistliche, ihm drei Münzen zu geben, die er dann aber behielt, um sie am Abend in eine kurze Andacht miteinzubeziehen. Am Abend holte er die drei Münzen wieder hervor und sprach Gebete, die unseren Dank ausdrückten dafür, daß wir uns getroffen hatten, unsere Reue für das, 'was jeder von uns selbst wissen müsse', und die Bitte, daß unser Treffen und damit letztlich meine ganze Arbeit erfolgreich verlaufen würde.

Als mir bewußt wurde, daß ich selbst Teil einer religiösen Handlung geworden war, die ich ursprünglich nur hatte beobachten wollen, war ich zunächst verblüfft und verunsichert, ging mir doch jenes Ideal des 'objektiven' Forschers nicht aus dem Kopf. Andererseits hatte ich das deutliche Gefühl, die Ringatū-Frömmigkeit ein bißchen besser verstanden zu haben.«

(S.S.)

(B) »Zwei Jahre nach meinem ersten Besuch bei den Sioux bin ich wieder auf der Reservation der Santee. Einer meiner Gastgeber von damals hat mich zu ihrem Sonnentanz eingeladen; daß er als mein 'Mentor' mich dorthin mitnehmen wird, ist eine seltene Chance für jemanden, der kein Indianer ist. Durch meine Teilnahme an dieser Zeremonie, so hatte er geschrieben, könne ich viel von der spirituellen Erfahrung der Sioux erfassen, und das würde meiner Forschung über ihre Religiosität mehr Tiefe geben.

Wir begrüßen uns einige Tage vorher im Haus seines Bruders. Noch bin ich nicht sicher, wie meine Teilnahme aussehen könnte. Mein Mentor wird einer von denen sein, die vier Tage lang für ihr Volk beten, indem sie fasten und in der Sonne tanzen. Er hatte mit dem 'Medizinmann' gesprochen, der den Sonnentanz leiten wird, und die Mehrzahl der Tänzer befragt: sie sind dafür, daß ich teilnehme. Aber in welcher Form? Sie haben es nicht für mich geregelt. Er lacht: 'Das mußt Du wissen.' - Was wäre das Angemessene? Beobachten? Tanzen? Würde ich das strikte Fasten als Tänzer durchhalten? Ich bin unschlüssig. Was ist das Richtige für mich? Was erwarten die Indianer von mir? Warum hilft mein Mentor mir nicht weiter?

Sein Vorschlag, nach einer ganzen Weile, trifft mich unerwartet: "Wir könnten Dich auf eine Visionssuche schicken. Wenn Du willst." Und er fügt hinzu: "Die Geister können das klären, was Du tun sollst und kannst. Überleg es Dir." Das entspricht der Tradition der Sioux. Wenn einer Hilfe sucht für eine Entscheidung, kann er die Mächte, die Geister anflehen: allein, nackt, nur mit einer Decke um die Schultern, hinausgehen auf eine einsame Bergkuppe, für einen Tag und eine Nacht mindestens, auf Essen und Trinken verzichten und mit der heiligen Pfeife beten.

Die Vorbereitungen für eine Visionssuche, das weiß ich, sind aufwendig; ich merke, das Angebot ist ihnen sehr ernst. Es anzunehmen, verlangt von mir die gleiche Ernsthaftigkeit. Es kribbelt in meinem Bauch. Ich sehe ein wenig klarer: am Sonnentanz teilzunehmen bedeutet, nun muß ich meinen Platz in ihrer religiösen Welt einnehmen. Sie nehmen mich ganz hinein. Habe ich den Mut dazu? Was wird dieses Erlebnis in mir auslösen? Denn ich müßte mich schon mit Haut und Haar auf eine solche Erfahrung einlassen. Noch eines verstehe ich im Laufe dieses Nachmittags, während ich über meine Antwort nachdenke und zuhöre, wie die anderen über den bevorstehenden Sonnentanz sprechen: welchen Platz der einzelne dort einnimmt, wie nah er dem Kern der heiligen Handlung kommen wird, und das heißt immer auch, wieviel Entbehrungen er dabei auf sich zu nehmen bereit ist, das ist eine Sache zwischen ihm und Wakan Tanka, dem 'Großen Geist'. So sehen es die Sioux. Das gilt auch für mich, Forscher hin oder her. Wie könnte also ein anderer diese persönliche Frage für mich entscheiden?

Als mein Mentor am Abend aufbricht, sage ich ihm, daß ich eine Visionssuche wagen möchte. - "Überleg Dir sehr gut, warum Du das tun willst!" Ungewöhnlich für die zurückhaltende Art, die ich an Indianern kenne, wiederholt er diese Aufforderung. Ich antworte, daß ich es wegen meiner Teilnahme am Sonnentanz tun wolle, aber daß ich auch noch andere, persönliche Gründe hätte, um die es gut wäre zu beten. Er lacht: "Das ist gut." Und ernster: "Sonst könnte es eine schlimme Erfahrung für Dich werden." Als ich meine Gründe erklären will, wehrt er ab: "Äußere sie im Gebet, wenn Du dort draußen alleine bist." Im Wegfahren sagt er noch: "Denk darüber nach. Allein für Deine Forschung, das reicht nicht!" «

(D.F.)

(C) » Da ich bereits meine Magisterarbeit über die Sannyasin geschrieben hatte, war ich schon länger mit ihrer Bewegung vertraut. Während ich als Gast bei den Sannyasin in Köln lebte, nahm ich, obwohl ich von meinen Gesprächspartnern nicht ausdrücklich dazu aufgefordert wurde, an ihren Veranstaltungen teil, denn ich wollte selbst erfahren, was in den Sannyas-Meditationen und Therapiegruppen geschieht. Bei Neo-Sannyas gehören zum gemeinsamen religiösen Handeln verschiedene Methoden von Meditation sowie verschiedene Formen der humanistischen Psychotherapie. Die Eindrücke, die ich dabei gewonnen habe, sind für meine Arbeit von unschätzbarem Wert. Was nützte es beispielsweise, wenn ich die Dynamische Meditation lediglich anhand ihrer Meditationsanleitung beschriebe? Die Gefühle eines Sannyasin, der diese Technik gerade praktiziert, und für den sie zu einem Bestandteil seines spirituellen Selbstverständnisses geworden ist, hätte ich sonst nicht verstehen können.

In einer bestimmten Phase der Dynamischen Meditation zehn Minuten mit erhobenen Armen hoch in die Luft springen und dabei das Mantra 'huh' rufen, bereits nach zwei Minuten absolute Erschöpfung spüren, dabei denken: ich muß aufhören, geht auf keinen Fall weiter, ist zu anstrengend; aber trotzdem durchhalten ... Plötzlich ist der Umschwung da: Ich bin Zuschauer, während sich mein Körper schwitzend und keuchend zur Meditationsmusik weiterbewegt. Bei aller Anstrengung und Mühe spüre ich, wie sich von meiner Mitte ausgehend langsam eine tiefe Gelassenheit und Ruhe ausbreitet: auf einmal weiß ich, daß ich etwas Wichtiges verstanden habe. Ich begreife, was Osho mit Nicht-Identifikation gemeint hat, jenes 'go beyond", mit dem viele meiner Gesprächspartner ihren spirituellen Weg als Sannyasin beschrieben haben. Ich weiß: In dieser Ruhe, die über jede Mühe, und sei sie auch noch so schwer, hinausgeht, in jenem Losgelöstsein vom Körper, vom Fühlen und Denken, liegt das Ziel, von dem Osho spricht und das alle Sannyasin anstreben. Das Auge des Hurricans, Erleuchtung, wie es viele nennen, Transzendenz. In dieser Meditation finden sie davon einen Vorgeschmack.

Einmal hatte ich die Gelegenheit, an einer Therapiesitzung teilzunehmen. Nach der Eingangsmeditation schlägt die Therapeutin eine kleine Übung vor, die paarweise durchgeführt werden soll. Alle Anwesenden werden aufgefordert, sich einen Partner zu suchen. Plötzlich spüre ich Spannung im Raum, höre sie förmlich knistern. Da sehe ich, wie sich zwei gegenüberstehen: in aggressiver Pose, Wut in den Augen. Die Therapeutin sieht es auch und unterbricht sofort die Übung. Sie fordert die beiden auf, alles 'auf den Tisch' zu bringen, was zwischen ihnen steht. Da brüllt der eine dem anderen seinen Zorn wie eine Faust ins Gesicht. Die Therapeutin paßt scharf auf, daß es nicht zu Handgreiflichkeiten zwischen den beiden kommt. Auf einmal ist die Hölle los: die Erregung und die Anspannung, die ich von Anfang an gespürt habe, ist nun auf die anderen übergesprungen und entlädt sich wie in einem plötzlichen Gewitter. Die zwei Frauen neben mir gehen aufeinander los, in einer Ecke sitzt jemand und verprügelt ein Kissen. Ich halte mich raus, denn ich habe keine Konflikte mit irgendeinem der Gruppenteilnehmer hier auszutragen. Schließlich, nach einer Weile, wird es wieder ruhiger. Die Therapeutin kümmert sich noch immer um die beiden, die angefangen hatten. Dann ist die Katharsis vorbei. Die Aggressionen sind verraucht. Jetzt kann an ihren Wurzeln gearbeitet werden: die Übung geht weiter. Oshos Grundsatz für seine Therapien lautet: alles auf den Tisch bringen, nichts zurückhalten, Konflikte ans Licht des Bewußtseins holen. Nur dann ist Transformation möglich, nur dann werden seine Sannyasin von alten Verkrustungen und aufgestautem Leid und Ärger frei; von allen Kräften, die sie in ihrem spirituellen Wachstum behindern. «

(J.S.)

Die Entscheidung, ob wir uns an fremdem religiösen Handeln beteiligen, läßt sich schwerlich ein für allemal treffen. Jede neue Situation fordert sie aufs neue heraus, und selbst in altvertrauten Situationen ergeben sich Veränderungen, die uns anders entscheiden lassen.

Manchesmal können wir den Entschluß, neben der äußeren auch die innere Distanz aufzugeben, im voraus treffen. Manchesmal müssen wir ihn nachholen, falls die Gläubigen unser Einverständnis stillschweigend vorausgesetzt und uns wie selbstverstänlich in ihr religiöses Handeln einbezogen haben.

Wenn wir die innere Distanz aufgeben, treten wir auch die Regie an fremde Gläubige ab. Dabei liefern wir uns ihnen allerdings aus, gehen ein Risiko ein. Wenigstens beim ersten Mal können wir nicht sicher wissen, was mit uns geschehen wird. Das erfordert auf unserer Seite entweder Draufgängertum oder aber Vertrauen in die Gläubigen. Abenteuerlust ist gut, Vertrauen ist besser. Wir sollten sicher sein, daß sie uns keinen Schaden zufügen wollen, denn der Katalog der Möglichkeiten dessen, was mit uns geschehen kann, ist ziemlich umfangreich. Wenn der Bericht aus der Ringatū-Kirche für das eine Ende der Möglichkeiten steht, so illustriert der folgende Bericht aus Venezuela das andere:

» In den letzten Wochen meines Aufenthaltes war ich soweit integriert, daß ich zu weitergehenden Kulthandlungen eingeladen wurde.

Ich nahm an einer Reinigungszeremonie teil: Zusammen mit anderen Gläubigen lag ich in Kreuzform mit dem Rücken auf dem Waldboden. Um mich herum waren Kerzen aufgesteckt, deren Wärme ich spüren konnte. Es war alles ganz still, während die Kerzen niederbrannten. Ich hatte die Augen geschlossen und versuchte mich so zu verhalten, wie mir jemand immer wieder zuflüsterte: "Dein Geist in weiß". Nach einiger Zeit wurde ich mit Fruchtsäften beträufelt, und es wurde Rum auf meine Brust und meinen Kopf gerieben. Ich wurde dann aufgeweckt, befand mich aber noch in einer Art Schwebezustand. Der inzwischen anwesende Hauptgeist der Gruppe bat mich zu sich und erlaubte mir, einige Fragen zu stellen: "Könnte ich auch einen Trancetanz tanzen?" Er sagte: "Natürlich kannst Du das auch", und er führte mich vor den Altar. Bei den sofort einsetzenden Trommelschlägen und den Gesängen der Gläubigen begann ich tatsächlich zu tanzen, mit ziemlich steifen, zuckenden Bewegungen. Ich habe eine vage Erinnerung an diesen Zustand, weiß aber nicht, wieweit sie mehr Traum oder Wirklichkeit erfaßt. Die Mitglieder der Gruppe waren überzeugt, ich hätte ausgeprägte mediale Fähigkeiten und solle sie unbedingt weiterentwickeln. Dieses Erlebnis brachte mich trotz vorhandener Skepsis gefühlsmäßig sehr weit in die Vorstellungswelt der Religion hinein.« (R.M.)

Aufgeben der inneren Distanz zu fremden Gläubigen - wir haben nicht jede denkbare Ausformung dieser Haltung von Forschern aufgezählt, wir haben uns auf unsere Erfahrungen beschränkt. Wenn wir diese nun zusammenfassen, bewerten und Folgerungen aus ihnen ziehen, sollten die Ergebnisse freilich auch für andere verwertbar sein.

Stellen wir uns zunächst noch einmal vor, wie distanzierte Forscher arbeiten. Sie bestimmen das Ziel, sie wählen die Forschungsgegenstände aus, sie legen die Abfolge der einzelnen Schritte fest. Der Planung folgt die Durchführung. Eine Forschung wird objektiv-distanziert ablaufen, wenn die Forscher zu keiner Zeit die Kontrolle weder über die Forschungssituation noch über sich selbst verlieren.

In Laboratorien und Bibliotheken gelangt man auf diese Weise am ehesten zu Ergebnissen. Draußen schränkt bereits das Wetter die Kontrolle ein. Falls sich die Forschungsgegenstände autonom bewegen können, müßte man sie zwingen, unter Kontrolle zu verharren. Handelt es sich gar um Menschen, dann stößt das Ideal der objektiven Forschung an seine Grenzen. Da man Menschen außerhalb von Gefängnissen nicht sicher unter Kontrolle hat, werden eben die wissenschaftlichen Probleme kontrolliert, indem man etwa dieselben Fragen tausend Leuten vorlegt und keine Äußerung außer 'ja', 'nein' und 'weiß nicht' zuläßt.

Der Wert von Meinungsumfragen und soziologischen Erhebungen für die Religionsforschung steht außer Frage. Wir aber hoffen auf andere Antworten, wenn wir Gläubige als religionsgeschichtliche Quellen erschließen wollen, denn es geht uns ja um gelebte Religiosität.

Weil wir erfahren haben, daß der Versuch, Gläubige objektiv-distanziert zu befragen, viel zu wünschen übrig läßt, sind wir bewußt in die andere Richtung gegangen und haben, sobald das notwendig wurde, die Kontrolle sowohl über die Forschungssituation als auch über uns selber aufgegeben. Was wir damit erreichen können, läßt sich in drei Punkten zusammenfassen.

1. Fremde Gläubige wurden tatsächlich zu religionsgeschichtlichen Quellen. Indem wir die Kontrolle über die Forschungssituation aufgaben, suchten wir nicht länger *unser* Bild von ihrer Religion fragend auszufüllen, sondern kamen in die Lage, ohne Wenn und Aber zuhören zu können, als sie uns *ihr* Bild von ihrer Religion schilderten.

2. Religiöses Handeln hat man schon immer analysiert und jedes Detail einzeln erkundet. Das wird natürlich eine unverzichtbare Forschungsweise bleiben, sozusagen von Natur aus objektiv und distanziert. Indem wir diese distanzierte Haltung gelegentlich aufgaben, wechselten wir von der wissenschaftlich-analytischen Sicht einer religiösen Handlung zu ihrer Erlebnisebene, auf der wir, wie die Gläubigen auch, nicht auf einen Teil fixiert waren, sondern das Ganze zu sehen versuchten. Wir haben fremdes religiöses Leben also nicht nur von außen beobachtet. Wir haben es auch miterlebt. Beim Miterleben treten zu den Gedanken Gefühle hinzu. Das gab unserer Forschung neben der Analyse eine neue Dimension. Unser Miterleben und unsere Gefühle erschließen uns das Erleben und die Gefühle der fremden Gläubigen.

3. Das Eigentliche an Religionen, was sie lebendig macht, läßt sich mit Worten wohl nie erfassen und schon gar nicht mit Begriffen und Definitionen. Will man von den Schalen zum Kern einer Religion vordringen, dann gerät man an Unaussprechliches. Die Gläubigen machen ihre Erfahrungen. Wenn wir ihnen die Kontrolle über uns gewähren, können wir ihren Erfahrungen nahekommen. Freilich, auch uns fehlen dann die Worte, um das Unaussprechliche zu beschreiben. Dennoch dürften unsere persönlichen Erfahrungen die Religionsforschung bereichern, weil sie Fehlurteile verhindern, wie sie distanzierten Religionsforschern während der letzten hundert Jahre nicht gerade selten unterliefen.

Im Rückblick erscheint das 4. Kapitel wie die Beschreibung eines Weges, der uns Schritt um Schritt an fremde Gläubige heranführt. Überall kommen sich Menschen näher, falls sie sich sympathisch finden. Es wäre demnach widernatürlich, wenn Religionsforscher ausgerechnet zu jenen Gläubigen Kontakt suchten, die sie noch nie ausstehen konnten. Religionswissenschaftler sollten, wenn sie ihre Distanz nicht aufgeben wollen, lieber mit gefühllosem Material arbeiten, mit Texten, Begriffen oder Statistiken. Fremde Gläubige haben nun einmal Gefühle, die der Religionsforscher nicht ignorieren darf, sondern berücksichtigen und respektieren muß.

Unser eigentliches Thema freilich war nicht die Überwindung des gleichsam natürlichen Abstandes zwischen sich begegnenden Fremden. Es ging uns vielmehr darum, den professionellen Abstand, den Methodologen fordern, zu überwinden, wenn wir mit lebenden Menschen arbeiten. Das läßt sich leichter verordnen als befolgen. Unsere Erfahrungen haben uns überzeugt: Die Entscheidung zwischen sogenannter Objektivität und sogenannter Subjektivität stellt uns vor die Wahl, was wir erforschen werden, nämlich entweder die Außenseite oder die Innenseite von Religion.

Wir meinen, Religionsgeschichtler hätten die Pflicht, eine Religion ganz, d.h. als Ganzes, also von außen wie von innen zu kennen, damit ihr in interpretierender Darstellung so wenig Gewalt wie möglich angetan werde. Fremdem Glauben geschieht Unrecht, wenn er durch eine Optik, die allein europäische Konturen scharf erfaßt, betrachtet wird.

Folglich geht es uns darum, einen Blick durch die fremde Optik der Gläubigen zu tun. Das ist keine Kleinigkeit. Die Gläubigen machen uns dabei selten Schwierigkeiten, wir selber vereiteln es, solange uns die Haltung innerer Offenheit fremdem Glauben gegenüber mangelt. Diese Haltung wird wachsen, je näher wir den anderen kommen, und wir kommen ihnen näher, je länger die Offenheit in uns anhält.

Projektbeschreibungen

Indianische Religiosität heute: die Sioux

Dietmar Först

Einst beherrschten die Sioux - sie selbst nennen sich *Lakota* oder *Dakota* - die nördlichen Prärien, berühmt als Büffeljäger und gefürchtet als Krieger von den Weißen wie von ihren indianischen Nachbarn. Geblieben sind ihnen ein Dutzend Reservationen, verteilt vor allem über die amerikanischen Bundesstaaten Nord- und Süd-Dakota. Seit vor 150 Jahren die Weißen begannen, Stück für Stück ihres Landes zu okkupieren und die 'wilden Indianer' zu missionieren, sind die meisten von ihnen Christen geworden.

Wesentliches aus ihren religiösen Traditionen allerdings hat sich ungeachtet allen Drucks zur Anpassung erhalten, nicht nur bei denjenigen Sioux, die das Christentum ablehnen, sondern auch bei vielen überzeugten Christen. Kaum erforscht ist, welche Bedeutung das intakte zeremonielle Leben und die alten Werte und Vorstellungen für die Sioux heute haben.

Das Herzstück ihrer traditionellen Religion ist die Heilige Pfeife, die dem Volk einstmals von der mythischen Büffelkuh-Frau gebracht wurde. Jedem Sioux, ob Christ oder Nicht-Christ, dürfte diese Überlieferung bekannt sein, und wie ehedem findet ohne die Pfeife keine der traditionellen Zeremonien statt. Mit der Pfeife betend, kann der Mensch die Verbindung zu den heiligen Mächten herstellen, dem 'Großen Geist' (*wakan tanka,* eigentlich: dem 'Großen Heiligen', dem 'Großen Geheimnisvollen') Bitte, Dank und Verehrung entgegenbringen; in der Pfeifenzeremonie, beim jährlichen Sonnentanz und bei der häufigen rituellen Reinigung in der Schwitzhütte erneuert er zugleich die Gemeinschaft mit allen Wesen des Universums. Den direkten Kontakt mit den heiligen Mächten suchen Einzelne - früher fast ausschließlich Männer, heute zunehmend auch Frauen - während des Visionsfastens, bei dem sie 'die Geister' um ein Gesicht, um Beistand für Lebensfragen anflehen. An all diesen Zeremonien nehmen indianische Christen heute wie selbstverständlich teil.

Religiöse Vorstellungen von Krankheit und Heilung unter den Zulu in Südafrika

Gabriele Lademann-Priemer

Auf der ersten missionsärztlichen Konsultation in Tübingen 1964 wurde das westlich geprägte Verständnis von Krankheit und Heilung in Frage gestellt. Man suchte ein Verständnis, das der Vorstellungswelt der Afrikaner gemäßer ist als das westliche. Für Afrikaner sind Krankheit und Gesundheit Teil ihrer religiösen Welt. Gesundheit bedeutet Harmonie, Wohlbefinden, persönlich und im sozialen Bereich. Gesundheit bedeutet spannungsfreies Leben in der Gemeinschaft, die aus den Lebenden und den Verstorbenen, den Ahnen, besteht. Angestrebt wird Eintracht unter den Menschen und zwischen Gott, Menschen, Ahnen. Krankheit wird von den Ahnen geschickt, wenn Regeln des Zusammenlebens verletzt werden; Krankheit ist auch durch Schadenszauber verursacht, der Ausdruck schwerer sozialer Störungen ist. Krankheit umfaßt körperliche Beschwerden, aber auch Schwierigkeiten und Konflikte, z.B. Streit oder Arbeitslosigkeit.

Eine Befragung unter Anhängern der Afrikanischen Unabhängigen Kirchen hatte gezeigt, daß auch diese afrikanischen Christen Krankheit und Heilung so umfassend verstehen wie die Anhänger der Zulureligion. - Zur Heilung gehören Gebet, Handauflegung, Reinigungsriten, sie sollen das verlorene Gleichgewicht, die Gesundheit, die umfassend ist, wiederherstellen.

Meine Untersuchung bestand darin, Patienten in Krankenhäusern zu befragen. Hat sich ihre Sicht von Krankheit, hat sich ihr Verständnis von Heilung innerhalb des Hospitals verändert? Es hat sich jedoch gezeigt: Sowohl für die Anhänger der Tradition als auch für Christen der Unabhängigen und der großen Kirchen haben sich Verständnis und Erleben nicht gewandelt. Für die Heilung wird mehr gebraucht als das, was die westliche Medizin zu bieten hat. Der Wahrsager oder Heiler muß die Ursache der Krankheit ansagen; die Heilung ist vollendet, wenn eine traditionelle oder christliche Reinigungszeremonie und ein Dankfest stattgefunden haben.

Zum besseren Verständnis des religiösen und sozialen Hintergrundes habe ich Berichte von Lebensgeschichten gesammelt, die das Spannungsfeld zwischen alter und neuer Religiosität und Weltsicht zeigen. Besonders auf den sozio-religiösen Umbruch habe ich mein Augenmerk gerichtet.

Maria Lionza Religion

Reiner Mahlke

Die Maria Lionza Religion ist eine junge Religion in Venezuela, die es erst seit etwa dreißig Jahren gibt und deren Organisationsformen bis heute im Fluß sind. Allen gemeinsam ist die Verehrung der Geister, mit deren Hilfe die Menschen ihre Probleme zu lösen versuchen. Die Geister manifestieren sich in Medien, die in Trance fallen. Sie reden dann mit den Gläubigen, geben ihnen Ratschläge und führen auch Heilungen durch. Gott ist nach dem Verständnis der Gläubigen zu weit entfernt von den Menschen, um direkt eingreifen zu können (die 'Marialionzistas' bezeichnen sich selbst als katholisch). Deshalb nehmen die Geister als Mittler den Kontakt zu den Menschen auf. In der Regel treffen sich die Gläubigen in Gruppen entweder an einem der Kultorte, die alle in Waldgebieten liegen (Maria Lionza ist auch die Beschützerin der Natur) oder an ihren Hausaltären. Zu den Sitzungen gehören Gebete, Opfergaben und vor allen Dingen Reinigungs- und Heilungszeremonien. Wichtige Elemente in den Riten sind Tabak und Alkoholika. Die religiöse Benutzung des Tabaks ist ein indianisches Element; die noch im Entstehen befindliche Religion nimmt viele Elemente venezolanischer Religiosität in sich auf: volkskatholische Heiligenverehrung, esoterisches Gedankengut, afrikanische Kulthandlungen. Weil die Religion noch sehr jung ist, hat sich bisher auch noch keine Autoritätsstruktur herausgebildet. Alle Gläubigen fühlen sich einer der Gruppen zugehörig, die untereinander gleichwertig sind und ihre Ideen und Mitglieder auch austauschen können.

Die Türkei: laizistischer Staat und islamisches Land

Renate Pitzer-Reyl

Die Türkei gilt und versteht sich auch selbst als westlichstes islamisches Land. Nach einer kulturellen und politischen Hochblüte war das Osmanische Reich im 19. Jahrhundert in starkem Verfall begriffen, gleichzeitig interessierten sich die Türken in wachsendem Maße für die europäische Kultur. In der 'kemalistischen Revolution' unter Atatürk wurde ein radikaler Bruch mit der osmanischen Tradition vollzogen: 1923 gründete Atatürk die neue Türkei als Republik und führte grundlegende Reformen nach westlichem Vorbild durch. Die Religion war davon stark betroffen, weil die islamischen Institutionen ihre Macht verloren; das Kalifat wurde abgeschafft und die *Ulema,* die islamische Geistlichkeit, ihrer juristischen Funktionen enthoben. Der neue Staat war laizistisch, die Ausübung der Religion wurde auf den Privatbereich verwiesen.

Seit den 50er Jahren hat sich der Islam im gesellschaftlichen Leben und als politischer Machtfaktor regenerieren können. Doch daneben haben sich die Strömungen fortgesetzt, die eine politische und kulturelle Ausrichtung des Landes nach Europa anstreben.

Heute zeigt der Islam in der Türkei ein weites Spektrum: von extrem konservativen Gruppierungen über traditionelle Gläubigkeit und gelehrte Orthodoxie bis hin zu bewußt modern eingestellten Muslimen. Nicht wenige Gläubige sind in ein Spannungsfeld zwischen zwei verschiedenen Zivilisationen geraten. Die westliche Kultur umfaßt andere Werte und Normen als die Traditionen des Islam, die orientalisch-arabischer Herkunft sind. Dies zeigt sich z.B. an den unterschiedlichen Vorstellungen über Kleidung und Rolle der Frau.

Maoritanga

Stefan Schlang

Wenn in Büchern von 'Maori-Religion' die Rede ist, dann häufig in der Vergangenheitsform, denn heute sind die Maori mehrheitlich Mitglieder verschiedener christlicher Kirchen. Daneben gibt es eine beträchtliche Anzahl von ihnen, die das Christentum ablehnen und sich zur Religion ihrer Ahnen zurückwenden. Doch auch das Leben der christlichen Maori ist anders als das ihrer weißen Landsleute. Was sie von den Weißen unterscheidet, das ist 'Maoritanga'. Dieser Begriff ist Anfang des Jahrhunderts entstanden und kann annäherungsweise mit 'Maoritum' übersetzt werden.

Als um die Jahrhundertwende der physische Niedergang der Maori gestoppt werden konnte, ging es darum, auch ihr kulturelles Überleben zu sichern. Einer ihrer Führer rief ihnen zu: "Haltet fest an eurem Maoritanga!" Damit gemeint sind einerseits eine Vielzahl von Vorstellungen, Werten und Bräuchen, die meist aus voreuropäischer Zeit stammen, und andererseits die Haltung, auf ihre Maori-Abstammung stolz zu sein, den Weißen gegenüber einen eigenen Standpunkt zu vertreten und an den alten Traditionen festzuhalten. 'Maoritanga' steht somit für eine breite Strömung innerhalb der Maori-Bevölkerung Neuseelands, die eigene Identität zu wahren, und in allen gesellschaftlichen Bereichen, z.B. auch in den Kirchen, stärkeren Einfluß zu gewinnen.

Maoritanga ist die Grundlage der heutigen Religiosität der Maori und hat seine Wurzeln in der voreuropäischen Kultur ihrer Ahnen.

Deutsche werden Buddhisten

Antje Schumacher

Ziel des Projektes ist es herauszufinden, warum unter den nicht-christlichen Religionen gerade der Theravada-Buddhismus so breit und auf so unspektakuläre Weise in Deutschland Fuß fassen konnte.

Den Kontakt zu einer Theravada-Gemeinde suchte ich in Berlin, wo im 'Buddhistischen Haus' in Frohnau, seit 1957/58 ein Zentrum des Theravada in Deutschland, die Deutsche Buddhistische Gemeinschaft einen ihrer Anfänge hatte.

In der dortigen Bibliothek des Buddhistischen Tempels finden sich Arbeiten über die Geschichte des 'Buddhistischen Hauses' und der 'Buddhistischen Gesellschaft Berlin' (gegründet 1924), die ergänzt werden durch eine von der Deutschen Buddhistischen Union verfaßte *Chronik des Buddhismus in Deutschland* (1985). Jedoch erklärt die Literatur die Anziehungskraft, die der Theravada-Buddhismus seit nunmehr drei Generationen auf Deutsche ausübt, kaum, die Geschichte des Buddhistischen Tempels nur unvollständig. In Gesprächen mit Deutschen, die Buddhisten wurden, habe ich daher diese Lücken zu schließen versucht.

Ein wesentliches Merkmal des beschriebenen Forschungsprojektes ist neben dem Bekanntwerden mit der buddhistischen Anschauung und Lehre (über die gängige Literatur und über solche Zeitzeugen-Gespräche) die Teilnahme an Meditationen und Festen der buddhistischen Gemeinschaft, die erst eigentlich Zugang zu der Frage, warum Deutsche Buddhisten werden, eröffnet.

Die Neo-Sannyas-Bewegung

Joachim Süss

Die Geschichte der Neo-Sannyas-Bewegung beginnt im Jahre 1970 in Bombay mit der Initiierung der ersten Schüler durch den früheren Philosophieprofessor Shree Rajneesh, der bei seinen Anhängern, den Sannyasin, als erleuchteter Meister gilt und deshalb zunächst den Würdetitel Bhagwan (Sanskrit: der Gesegnete), 1989 schließlich Osho (Jap.: Meister), annimmt. Rajneesh verbindet in seiner religiösen Konzeption Meditationstechniken aus östlichen Traditionen mit verschiedenen Formen der aus den USA stammenden humanistischen Psychotherapie, so daß er nicht nur in Indien und Japan Anhänger gewinnt, sondern auch die gebildeten Mittelschichten Europas und Nordamerikas anspricht. Bereits 1974 muß der Ashram auf ein größeres Gelände nach Poona umziehen.

In täglichen Diskursen setzt sich Rajneesh mit vielen religiösen Traditionen aus Vergangenheit und Gegenwart kritisch auseinander und entwirft seine eigene spirituelle Philosophie. Ihr zufolge lebt der Mensch als ein Ergebnis seiner gesellschaftlichen Konditionierung in einem Zustand permanenter Selbst-Entfremdung und Unbewußtheit. Seiner faktischen Realität nach ist er jedoch ein Buddha. Die spirituelle Lebensaufgabe besteht nur darin, sich dieses Zustandes zunehmend bewußt zu werden; Erleuchtung als plötzliche Erkenntnis der Buddhaschaft wird von den Sannyasin als Heilsziel angestrebt. Alle Faktoren, die den Menschen unbewußt halten, müssen dafür überwunden werden.

Die religiöse Praxis der Sannyasin, vor allem ihre Teilnahme an den unterschiedlichen Therapie- und Meditationsgruppen, steht im Dienste dieses Heilszieles. 1985 scheitert aufgrund juristischer Probleme der großangelegte Versuch, auf einer Farm in Oregon/USA eine spirituelle und ökologisch verantwortete Musterkommune zu errichten, so daß sich das religiöse Zentrum der Sannyasin seither wieder an alter Stelle in Poona befindet. Dort stirbt der Religionsstifter am 19.1.1990, und die administrative Leitung der Bewegung geht auf einen Kreis von 21 Vertrauten Rajneeshs über. Er selbst wird nun als unkörperlich präsent verehrt.

Die Autoren

Dietmar Först, geb. 1959. Studium der ev. Religion und Geschichte für das Lehramt an Gymnasien. Staatsexamensarbeit 1987 über 'Die Bedeutung der Peyote-Religion für nordamerikanische Indianer heute'. Danach Forschungen für eine Dissertation über heutige indianische Religiosität mit zwei Aufenthalten bei den Sioux 1988 und 1990; seit 1991 als Lehrer an einem Gymnasium im Sauerland.
Veröffentlichungen u.a.: German Interest in Sioux History and Culture, South Dakota Review 29, 1, 1991, 140-147; Indianerreligionen. Eine Auswahlbibliographie für den Religionsunterricht, forum religion, 17, 4, 1991, 32-34; Respect One Another. Ein Grundwert indianischer Religionen und seine Rezeption, Horst Bürkle (Hg.), Grundwerte menschlichen Verhaltens in den Religionen, Frankfurt am Main [u.a.] 1993, S. 141-152.

Hans-Jürgen Greschat, Dr.theol., geb. 1927. Studium der ev. Theologie. Erste theol. Prüfung 1963. Dissertation über 'Kitawala. Ursprung, Ausbreitung und Religion der Watch-Tower-Bewegung in Zentralafrika' 1965, veröffentlicht Marburg 1967. Habilitationsschrift über 'Westafrikanische Propheten. Morphologie einer religiösen Spezialisierung' 1971, veröffentlicht Berlin 1974. Professor für Religionsgeschichte in Marburg.
Weitere Veröffentlichungen u.a.: Mana und Tapu. Die Religion der Maori auf Neuseeland, Berlin 1980; Die Religion der Buddhisten, Berlin 1980; Was ist Religionswissenschaft?, Stuttgart 1988.

Gabriele Lademann-Priemer, Dr.theol., geb. 1945. Studium der ev. Theologie, seit 1975 Gemeindepastorin in Hamburg. Ausgebildet in 'Partnerzentrierter Gesprächsführung und Seelsorge'.
1971-72 Feldforschung in Natal/Südafrika; 1987 religionsgeschichtliche Promotion zum Dr.theol., Diss.: 'Heilung als Zeichen für die Einheit der Welten - Religiöse Vorstellungen von Krankheit und Heilung in Europa im vorigen Jahrhundert und unter den Zulu mit einem Ausblick in unsere Zeit'.

Weitere Veröffentlichungen: H. Gehrts / G. Lademann-Priemer (Hgg.) Schamanentum und Zaubermärchen, Kassel 1986; Märchen und Mythen bei den Zulu, Ch. Oberfeld, J. Becker, D. Röth (Hgg.), Märchen in der Dritten Welt, Kassel 1987.

Reiner Mahlke, Dr.theol., geb. 1958. Studium der ev. Theologie. 1986 Magisterschrift 'Der Kult der Maria Lionza in Venezuela'. Forschungsaufenthalt in Venezuela 1987-88; 1991 Promotion mit einer Dissertation über das Thema 'Die Maria-Lionza-Religion in Venezuela', veröffentlicht unter dem Titel 'Die Geister steigen herab', Berlin 1992. Arbeitet derzeit an einer Studie 'Der Heilige Geist in Afrikanischen Unabhängigen Kirchen'.

Renate Pitzer-Reyl, geb. 1958. Studium der ev. Religion und Germanistik für das Lehramt am Gymnasium. 1983 Staatsexamensarbeit im Fach Religionsgeschichte über 'Die Frau im frühen Buddhismus', veröffentlicht Berlin 1984. Anschließend Referendariat, 1985 Zweites Staatsexamen. 1986-1991 Forschungen in Istanbul für eine Dissertation über den modernen Islam.

Stefan Schlang, Dr.phil., geb. 1957. Studium der Vergleichenden Religionswissenschaft, Ethnologie und Soziologie. 1984 M.A., 1985-86 Forschungen in Neuseeland für eine Dissertation über 'Religiöse Aspekte von Maoritanga', veröffentlicht Bonn 1989. 1990-92 wiss. Ang. am Lehrstuhl für Religionswissenschaft der Universität Bayreuth.

Antje Schumacher, Mag.theol., geb. 1958. Studium der ev. Theologie. Nach der Magisterprüfung 1986 wiss. Mitarbeiterin in der Ev. Theologie, Fachgebiet Sozialethik. Lebt und arbeitet, z.Zt. als Gewerkschaftssekretärin, in Berlin, wo sie zum Thema 'Buddhismus in Deutschland' forscht.

Petra Siegmann, M.A., geb. 1964. Studium der Religionswissenschaft, Psychologie und Semitistik. 1990 Magisterschrift über 'Anicca als Schlüssel zum Verständnis von Buddha Patha'. Studium der ev. Theologie; arbeitet z.Zt. an einer Dissertation über Religionsunterricht in Sri Lanka.

Joachim Süss, Mag.theol., geb. 1961. Studium der Theologie, Magisterschrift im Hauptfach Religionsgeschichte über 'Meister und Schüler in den Reden Bhagwan Shree Rajneeshs über Jesus'. 1993 Dissertation 'Zur Erleuchtung unterwegs. Neo-Sannyasin in Deutschland und ihre Religion'.

MARBURGER STUDIEN ZUR AFRIKA- UND ASIENKUNDE

Hg.: H.-J.Greschat (Religionsgeschichte), H.Jungraithmayer (Afrikanistik), W.Rau (Indologie). Serie B, Asien

Band 1
Wormit, Helga
ZWEI NOVELLEN »UGETSU-MONOGATARI«
234 Seiten. 1986
Broschiert / ISBN 3-496-00565-3

Band 2
Wormit, Helga
STUDIEN ZU UEDA AKINARI
Das »Ugetsu-Monogatari« und seine Beeinflussung durch chinesische Werke
XXXIV und 345 Seiten mit 7 Abb. 1973
Broschiert / ISBN 3-496-00566-1

Band 3
Schauwecker, Detlef
STUDIEN ZU CHIKAMATSU MONZAEMON
Zwei bürgerliche Puppenspiele, sprachlicher Stil und Struktur. Mit Kommentar
VI und 331 Seiten mit 10 Abb. 1975
Broschiert / ISBN 3-496-00567-X

Band 4
Rössler, Otto (Hg.)
HEBRAICA
140 Seiten. 1977 (vergriffen)

Band 5
Brückner, Heidrun
ZUM BEWEISVERFAHREN ŚAMKARAS
Eine Untersuchung der Form und Funktion von dṛṣṭāntas im Bṛhadāraṇyakopaniṣadbhāṣya und im Chāndogyopaniṣadbhāṣya des Saṃkara Bhagavatpāda
251 Seiten. 1979
Broschiert / ISBN 3-496-00569-6

Band 6
Thorion, Yochanan
STUDIEN ZUR KLASSISCHEN HEBRÄISCHEN SYNTAX
133 Seiten. 1984
Broschiert / ISBN 3-496-00724-9

Band 7
Pitzer-Reyl, Renate
DIE FRAU IM FRÜHEN BUDDHISMUS
104 Seiten. 1984
Broschiert / ISBN 3-496-00806-7

Band 8
Übelhör, Monika
WANG GEN (1483-1541) UND SEINE LEHRE
Eine kritische Position im späten Konfuzianismus
268 Seiten. 1987
Broschiert / ISBN 3-496-00886-5

Band 9
Shimada, Kenji
EINFÜHRUNG IN DIE NEOKONFUZIANISCHE PHILOSOPHIE
Übersetzt und versehen mit einer nach Sachgebieten geordneten Bibliographie von Monika Übelhör
260 Seiten. 1987
Broschiert / ISBN 3-496-00901-2

Band 10
al-Selwi, Ibrahim
JEMENITISCHE WÖRTER IN DEN WERKEN VON AL-HAMDANI UND NASWAN UND IHRE PARALLELEN IN DEN SEMITISCHEN SPRACHEN
230 Seiten. 1988
Broschiert / ISBN 3-496-00940-3

Band 11
Claßen, Annette
KANN DIE GUPTA-KUNST KĀLIDĀSAS WERKE ILLUSTRIEREN?
145 Seiten.1988
Broschiert / ISBN 3-496-00989-6

Band 12
Röllicke, Hermann-Josef
DIE FÄHRTE DES HERZENS
Die Lehre vom Herzensstreben (ZHI) im großen Vorwort zum SHIJING
210 Seiten. 1992
Broschiert / ISBN 3-496-00442-8

DIETRICH REIMER VERLAG · BERLIN